JN417711

국제표준서지기술법

계속자료용

김정현 · 문지현 · 김효숙
공 역

ISBD(CR):

International Standard
Bibliographic Description for Serials
and Other Continuing Resources

Revised from the ISBD(S):
International Standard
Bibliographic Description for Serials

Recommended by the ISBD(S) Working Group
Approved by the Standing Committees of the
IFLA Section on Cataloguing
and the IFLA Section on Serial Publications

This Korean Edition is published with the permission from the IFLA UBCIM Programme

Taeil Publishing Company, Korea

2006

역자서문

이 책은 국제도서관협회연맹(IFLA)에서 2002년에 발행한 국제표준서지기술법 계속자료용(ISBD(CR): International Standard Bibliographic Description for Serials and Other Continuing Resources)을 우리말로 번역하고, 그에 해당하는 동양자료의 예들을 추가하여 발행한 것이다.

최근 웹 사이트와 같은 인터넷자료의 확산으로 목록환경이 크게 바뀌었으며, ISBD(CR)은 이러한 내용들을 적절하게 반영하고 있다. 즉, 이번에 새로이 발행된 ISBD(CR)은 이미 연속간행물용으로 간행된 ISBD(S)의 범위를 보다 확대하여 연속간행물은 물론 웹 사이트와 같은 통합자료까지 포괄하여 다루고 있다는데 그 의의가 있다.

이 ISBD(CR)은 연속간행물 표준과 직접적인 관련이 있는 ISBD(S), ISSN Network, 그리고 AACR 커뮤니티 세 개의 표준에 존재하는 여러 차이점을 일치시키고 합의된 새로운 사항들을 표준에 추가하기 위해 긴밀히 협력하였으며, IFLA의 서지레코드 기능요건(FRBR)을 면밀히 검토한 후 얻어진 결과물이라고 할 수 있다.

이미 1977년에 ISBD(S)는 이재철 교수와 현규섭 교수에 의해 국내에 번역 소개된 바 있으며, 그 당시 한국목록규칙 제3판에 연속간행물부분이 포함되어야 함에도 불구하고 애석하게도 단행본만의 규칙으로 끝나버리고 말았다. 2003년에 발간된 한국목록규칙 제4판에는 연속간행물을 포함하여 모든 매체를 다룰 수 있도록 개정되었지만 이 때에도 사정상 ISBD(CR)의 내용이 반영되지 않았으므로 이 번역판을 계기로 한국목록규칙 제4판의 연속간행물부분이 개정되기를 기대하여 본다.

또한 최근 IFLA 목록분과위원회에서는 대륙별로 순회하면서 국제목록전문가회의(IFLA Meeting of Experts on an International Cataloguing Code: IME ICC)를 개최하고 있으며, 지난 8월에는 서울의 국립중앙도서관에서 제4차 회의를 성공적으로 개최하였다. 이 전문가회의의 워킹그룹 3에서는 연속성(seriality)에 대한 문제 즉, ISBD(CR)과 관련된 문제가 주요 의제로 다루어 졌으며, 다음 회의에서도 계속 여기에 대해 논의가 이루어 질 것으로 예상된다. 아무쪼록 이 번역본이 관련 자료를 이해하는데 조금이나마 도움이 되었으면 한다.

끝으로 이 번역본이 발간될 수 있도록 많은 도움을 준 IFLA의 Sjoerd Koopman에게 깊이 감사드린다. 상업성이 부족하지만 이 책의 출판을 기꺼이 맡아주신 도서출판 태일사에도 다시 한번 감사드린다.

2006년 11월

역자 일동 적음

ISBD(CR)의 서문

IFLA ISBD(S) 표준판의 개정작업에 착수한 것은 참으로 흥미롭고 고무적인 일이었다. 당시 연속간행물의 전자출판과 배포에 있어 굉장한 발전을 가져왔던 1988년 표준판을 개정하기에는 적합한 시기였다. 웹 자료와 같은 수많은 비전통적 출판물들의 기술을 고려하여 표준판을 개정하는 작업은 그 자체가 위압적인 일이었다. 그러나 전자자료의 수용요구로 인해 연속간행물 기술을 위한 몇몇 표준들이 개정 중에 있었으므로, 이들 다른 표준 커뮤니티와 작업하면서 일치된 연속간행물의 기술표준을 개발하기에 적합한 시기로 여겨졌다. 이 목적은 대부분 달성되었다. 참으로 역사적인 사건이라 할 수 있겠다. ISBD(S), ISSN Network, 그리고 AACR 커뮤니티는 세 개의 표준에 존재하는 여러 차이점을 일치시키고 합의된 새로운 사항들을 표준에 추가시키기 위해 긴밀히 협력하였다.

1998년 암스테르담의 IFLA 연례회의 동안에 있었던 ISBD(S) 워킹그룹의 첫 번째 회의에서부터 목적은 명확하였다. 즉, 연속간행물의 새로운 발전을 고려하여 ISBD(S) 표준을 개정하는 동시에, ISSN과 AACR 커뮤니티와 변경사항을 일치시키는 것이었다. 이 목적은 상당히 야심적이었으며, 개정작업이 완료되기까지는 3년 이상의 기간이 소요되었다.

ISBD(S) 표준의 커다란 변화는 사실상 그 자체만으로도 상당히 혁신적이며, 여기에 대한 설명은 매우 중요하다. 연속간행물 형태뿐만 아니라 웹 사이트와 같은 통합자료에 이르기까지 모든 종류의 계속자료를 포함할 수 있도록 표준의 범위가 확장되었다. 결국 표준의 명칭이 International Standard Bibliographic Description for Serials and Other Continuing Resources 또는 ISBD(CR)로 변경되었다. 언급하고 싶은 또 다른 변화는 연속간행물 표제변경이 언제 일어나는가를 결정하기 위한 지침리스트가 개정된 것이다. 연속간행물 목록자와 이용자는 동일 간행물의 다양한 표제변경을 서지적으로 제어하는 것이 얼마나 어려운지를 알고 있다. 우리는 개정된 지침이 보다 쉽게 적용되고, 필요로 하는 표제변경의 수도 감소되기를 진심으로 희망한다. 또한 ISSN과 AACR 커뮤니티는 목록자와 이용자가 동일한 연속간행물 표제에 대하여 서로 다른 기술상황에 직면하지 않을 것이라는 결론에 도달함으로써 이들 지침리스트에 동의하였다. 모든 IFLA 표준들과 마찬가지로, 수많은 국가들의 다양한 예시들을 포함함으로써 새로운 ISBD(CR)의 국제적 측면이 강화되었다.

또한 새로운 ISBD(CR)은 IFLA의 서지레코드 기능요건(FRBR)에서 기술된 '선택성(optionality)'의 특징과 일치하도록 하였다. 어떤 데이터요소를 포함하는 것이 특정 데이터요소에 있어서는 모든 경우에 '필수적(mandatory)'인 것으로 간주되지만, 어떤 경우에는 기술대상 출판물을 식별하기 위한 것이나 어떤 서지 또는 목록의 이용자들에게 중요한 것으로 생각될 때 '필수적'인 것으로 간주된다. 규정된 관례의 적용을 용이하게 하기 위해, ISBD(CR)은 다른 ISBD들처럼 특정 데이터요소들을 선택적 요소로 규정하고 있다. 즉, 편목기관이 이러한 요소들을 자유로이 선택하여 포함시키거나 제외시키도록 하고 있는 것이다. 0.3항의 개요는 어떤 데이터요소들이 선택적 요소에 해당하는지를 보여줄 것이다. FRBR에서는 필수요소이지만 ISBD(CR)에서는 선택적 요소가 되는 데이터요소는 어느 경우에도 없다.

IFLA ISBD(S) 워킹그룹의 회원들은 14개국을 대표한다. 게다가, 초안은 관심있는 모든 사람들의 의견을 듣기 위하여 IFLANET을 통하여 전세계에 유포되었으며, 많은 의견이 수렴되었다. 워킹그룹 회원들은 다양한 개정내용에 대하여 의견을 제시하고 승인하는 업무에 헌신하였다.

워킹그룹의 정식회원이나 정보제공자, 그리고 통신회원 등을 포함하여 워킹크룹의 모든 회원들에게 진심으로 감사드린다. 모두가 매우 열심히 일하였으며, 어려운 교섭에도 불구하고 합의는 언제나 매우 호의적으로 이루어졌다.

또한 맡겨진 임무 이상으로 수고해주신 몇몇 분들의 노고를 특별히 언급하지 않을 수 없다. 먼저 본서의 편집을 맡은 Edward Swanson은 시작부터 완성본까지 함께하였으며, 모든 의견과 변경사항을 기록하고 통합하였다. 편집은 많은 기술과 참을성이 요구되는데, Edward는 이러한 모든 어려움을 극복하여 주었다. 그리고 ISBD 평가팀의 회장으로서, IFLA ISBD 개정과정에 사려깊은 조언을 해주신 John Byrum의 공헌에도 깊은 감사를 드린다. 본문을 여러 번 검토한 후 개선안에 많은 유익한 제안을 해준 Margaret Stewart와 캐나다 국립도서관의 Denise Lim께도 깊은 감사를 드린다.

슬픈 사실이지만, 2002년 2월 작고하기까지 Zlata Dimec이 이루어놓은 훌륭한 일에 대해서도 말하고 싶다. Zlata는 여러 가지 문제들을 조사해 주기를 부탁하면서 알게 되었고, 그녀는 세계 모든 이용자들의 요구에 부합되는 표준을 만들어 갈 수 있도록 우리를 올바른 방향으로 이끌어 주었다. IFLA 커뮤니티의 동료이자 친구였던 그녀의 전문성과 인격이 몹시 그리워질 것이다.

워킹그룹의 회원들 이외에도 참신하면서도 전문가적인 안목으로 최종안을 검토해주신 Iowa주립대학의 Jim Cole에게도 감사드린다. 그는 워킹그룹회원들의 지속적인 검토에도 불구하고 본문상에 나타난 몇몇 오류들을 발견하고 수정하였다.

새로운 ISBD(CR) 표준은 다른 ISBD들과 보조를 맞추고 있으며, ISBD(M) 개정판 및 FRBR의 조항과도 조화를 이룰 것이다. ISBD 평가팀원들 특히, ISBD(CR)이 개정된 ISBD(M)과 조화를 이룰 수 있도록 해주신 Dorothy McGarry께도 감사를 표하고 싶다.

국제적인 표준화작업은 워킹그룹 회원들의 자발적인 헌신과 시간투자가 필요할 뿐만 아니라, 그룹회의를 지원하는 자금도 필요하다. IFLA 편목분과위원회와 서지제어분과위원회(IFLA Section on Cataloguing and the Division of Bibliographic Control)는 이 업무를 지원하는 것은 물론, 전세계 모든 워킹그룹 회원들이 회의에 참가할 수 있도록 자금도 제공하였다. 또한 그룹업무에 재정적 지원을 해주신 U.S. National Commission on Libraries and Information Science에게도 사의를 표한다. 특히, NCLIS 기금은 2000년 11월 워싱턴 D.C에서 연속간행물 전문가회의가 개최될 수 있도록 하였다. 이틀간의 회의에서 ISBD(CR), ISSN과 AACR 커뮤니티의 각 대표들은 연속간행물 기술에 대한 3개 규칙의 두드러진 차이점을 해결하게 되었는데, 참으로 놀랄만한 협력이었다. 표준들의 일치를 위해 변치않는 노력을 기울여주신 AACR Joint Steering Committee 의장인 Ann Huthwaite와 ISSN Network 의장인 Françoise Pellé께 감사드린다. 이러한 노력과 수고로 인해 모든 이용자들이 혜택을 보게 될 것이다.

마지막으로, '표준화 작업에 있어서 일치는 바람직한 목표로써 다양한 국제표준커뮤니티들간의 토론은 반드시 계속되어져야 한다'는 말씀을 드리고 싶다.

최신의 ISBD(S)판이자 최초의 ISBD(CR)로 알려진 이 표준은 IFLA 편목분과위원회와 연속간행물분과위원회에 의해 승인되었다.

Ingrid Parent
ISBD(S) 워킹그룹 의장
2002년 5월

ISBD(S) 1988년 개정판의 서문

ISBD는 1969년 코펜하겐에서 IFLA편목위원회에 의해 조직된 국제목록전문가회의의 결과로 시작된 것으로, 확립된 서지기술의 내용과 형식에 대한 표준이다.[1] ISBD(M)은 1969년의 합의에 준하여 만들어진 ISBD들 가운데 첫 번째 표준이다. ISBD(M)의 첫 번째 텍스트가 일련의 권고형식으로 1971년 발행되었다. 그 사이 연속간행물은 연속간행물 편목에 대한 공통된 기준을 찾기 위하여 IFLA 연속간행물 분과의 과제로 다루어졌다. 1971년 IFLA 연속간행물위원회 및 편목위원회에 의해 ISBD(S) 초안작성을 책임질 합동워킹그룹이 결성되었다. 1974년 처음 간행된 ISBD(S)는 합동워킹그룹의 권고형식으로 등장하였다. 이들 권고문들은 국제연속간행물데이터시스템(ISDS)과 Guidelines for ISDS(1973)을 고려하여 작성되었으며, 연속간행물의 등록과 통제에 대하여 국제 네트워크를 형성하고 있는 국가연속간행물데이터센터에서 이용할 수 있도록 개발되었다. ISBD(S) 권고안이 적용되자 ISDS에 대한 관심이 높아지고 추가업무를 지적하는 의견들도 발생하여, 1975년 파리에서 ISBD(S) 개정회의가 개최되었다.

1975년 8월 영미목록규칙개정합동조정위원회(Joint Steering Committee for Revision of the Anglo-American Cataloguing Rules)는 모든 유형의 도서관 자료에 적합한 일반국제표준서지기술법을 개발해야

---

1) Report of the International Meeting of Cataloguing Experts, Copenhagen, 1979. *Libri,* vol. 20, no. 1, 1970; pp. 115－116.

한다고 IFLA 편목위원회에 제안하였으며, 1977년 ISBD(G)가 간행되었다. ISBD(S) 작업은 ISBD(G)를 고려하여 이루어졌으며, 1977년 ISBD(S) 제1표준판이 발행되었을 당시 ISBD(G)의 구조에 따라 요구사항을 완전히 일치시켰다.

1977년 8월 Brussels의 IFLA World Congress 회의에서 IFLA 편목분과상임위원회(Standing Committee of the IFLA Section on Cataloguing)는 IFLA의 모든 ISBD 프로그램과 관련하여 중요한 새로운 결정을 내렸다. 상임위원회는 모든 ISBD 텍스트의 존속기간을 5년으로 고정시키고, 그 이후에 모든 텍스트 또는 일부분의 텍스트의 개정을 고려한다는데 동의하였다. 이러한 결정에 따라, IFLA ISBD 평가위원회(ISBD Review Committee)가 구성되어 1981년 8월 10일과 11일 런던에서 모임을 가졌다. 이 회합에서 1977년에 처음 발행된 ISBD(CM), ISBD(NBM), ISBD(S)와 1978년에 개정된 ISBD(M) 등 4종류의 ISBD를 검토하고 개정하기 위한 계획이 수립되었다. 이에 따라 각 ISBD의 워킹그룹이 임명되고, 평가위원회 위원들 중에서 각 워킹그룹의 회장이 선출되었다. 이들 4종류의 ISBD에 대한 수년간의 경험을 통해, 각 ISBD들은 광범위하게 참조되고(편목규칙 발행을 위한 표준문서자료로 사용되는 경우), 널리 적용(국가목록규칙이 없는 나라의 경우)도 되었다. 텍스트에 대한 그들의 실질적인 경험은 이후 발전에 훌륭한 아이디어를 제공하였는데, 주요 활동은 다음과 같다.

1) 단어사용을 명확하게 하고, 정의부분과 규정을 일치시킬 것.
2) 모든 ISBD들을 로마자 이외의 문자에도 더 잘 적용될 수 있도록 할 것.
3) 등호기호 사용을 검토할 것.
4) 보다 좋은 예시를 포함시킬 것.

5) ISBD(NBM)에 관한 IASA와 IAML 등의 제안을 고려할 것.

일관성과 관련된 활동은 네 종류의 서로 다른 자료범주의 특성이 인정되는 한, 개별적으로 발행된 네 개의 텍스트에서 동일한 조항은 단어사용이나 규정삽입 등에서 각별히 조화를 이루도록 해야 한다는 사실에서 비롯되었다.

앞서 언급하였던 일치작업이 업무의 대부분이 되자, UBC의 IFLA 국제사무소(IFLA International Office for UBC)는 일치업무의 지침서로서 편집기록물을 발행하였다. 두 번째 ISBD 평가위원회 회의가 1983년 1월 19일－21일에 다시 한번 런던에서 개최되었고, 첫 번째 개정초안은 1983년 7월 31일부터 1984년 1월 31일까지의 검토 기간을 거친 후 곧바로 발송되었다. 이후, 세계각지의 개인과 기관들로부터 의견이 수렴되어, 워킹그룹이 필요한 개정작업을 계속할 때에 고려할 많은 유용한 논점을 제공하였다.

워킹그룹의 회장들은 모든 제안사항과 의견을 수렴하여 4개 개정 텍스트의 두 번째 초안을 발표하였고, 세 번째 초안은 4개 텍스트의 일치도 비교를 기초로 하여 LC 직원에 의해 발행되었다. 이 세 번째 초안은 필수적인 교정과 미결문제 해결을 위해 초안을 검토하였던 회장들에게 다시 제출되었다. 최종 검토작업에서 4명의 회장과 Barbara Jover(UBC 프로그램 담당관)와의 협의에 따라, 모든 문제들이 해결되고 최종 텍스트가 출간되었다. 첫 번째 초안의 핵심으로부터 비롯된 모든 업무들은 1981년과 1983년에 공식적으로 계획된 것보다 더 많은 시간과 노력이 들었다. 초안들에 의견을 주시거나 비공식 논의와 같은 다양한 방법으로 도움을 주신 모든 이에게 깊이 감사드린다. 모든 텍스트가 완료될 때까지, 의사결정을 조정하고 그렇게 조정된 결정사항들이 엄

격하게 이행될 수 있도록 해주신 Barbara Jover와 LC 직원에게도 특별히 감사드린다.

ISBD(S)에는 색인과 세 개의 부록이 포함되어 있다. 첫 번째 부록은 다단계기술의 특정 기법을 위한 일반적으로 표준화된 규정을 제공한다. 두 번째 부록은 동양 출판물 관련의 이용자를 만족시키기 위해 앞서 언급하였던 취지를 어느 정도 수행하였다. 이것은 텍스트의 일부분이 오른쪽에서 왼쪽으로 읽도록 되었거나 또 일부분은 왼쪽에서 오른쪽으로 읽게 되었을 때, 데이터를 전기하는 방법에 대하여 간단하게 설명되어 있다. 마지막 부록은 하나의 레코드의 모든 사항에 ISBD 규정을 적용한 결과를 보여주기 위해 공식예제를 제공한다.

개정된 ISBD(S)는 중요한 개정과정을 효과적으로 수행하였다. 즉, 다른 ISBD 본문과의 호환성은 물론, ISDS 매뉴얼로 1983년에 출판된 *Guidelines for ISDS*의 개정판과 호환성을 유지한 것이다. (1982년 파리에서 열린 ISDS 총회에서는 ISBD(S)와 ISDS 매뉴얼 간의 호환성을 위하여 ISDS 이사회의 결의안이 요구되었다.)

새로운 ISBD(S)판은 IFLA 연속간행물편목분과위원회에 의해 승인되었다.

Washington, D.C. and Budapest
1987년 2월

Lucia J. Rather
(ISBD 평가위원회 의장)
Judith Szilvássy
(ISBD(S) 워킹그룹 의장)

ISBD(S) 워킹그룹의 구성원

Alex Bloss	Acquisitions Librarian, University of Illinois at Chicago 1999-
Paul V. Bunn	Cataloguing Manager, The British Library
John D. Byrum, Jr.	Chief, Regional and Cooperative Cataloging, Library of Congress
Jean-Arthur Creff	Service de la coordination bibliographique, Bibliothèque nationale de France
Karen Darling	Head, Acquisitions Department, University of Missouri-Columbia
Zlata Dimec	Bibliographic Control Manager, National and University Library, Slovenia
Elise Hermann	Library Advisory Officer, Danish National Library Authority, member in 1998
Jean L. Hirons	CONSER Coordinator, Library of Congress
Unni Knutsen	Head, Bibliographic Services Department, National Library of Norway, Oslo Division
Judith A. Kuhagen	Senior Cataloging Policy Specialist, Cataloging Policy and Support Office, Library of Congress 1999-
Dorothy McGarry	University of California, Los Angeles(retired)
Ingrid Parent (Chair)	Director General, Acquisitions and Bibliographic Services, National Library of Canada
Regina Romano Reynolds	Head, National Serials Data Program, Library of Congress
Reinhard Rinn	Head of Acquisition and Descriptive Cataloguing, Die Deutsche Bibliothek
Alain Roucolle	Head of Bibliographic Section, ISSN International Centre
Margaret Stewart	Chief, Standards and Support Division, National Library of Canada

Sally Strutt	Bibliographic Standards Coordinator, The British Library
Edward Swanson (Editor)	Manager, Contract Cataloging Program, MINITEX Library information Network, University of Minnesota
Ljudmila Terekhova	Head Cataloguing Department, Library of Foreign Literature, Russia

차 례

0. 서 칙

0.1 범위와 목적, 적용

0.1.1 범위

연속간행물과 기타 계속자료를 위한 국제표준서지기술법(International Bibliographic Description for Serials and Other Resources – 이하 ISBD(CR)이라고 함 – 은 그와 같은 서지자료의 기술과 식별을 위한 요건을 규정하고, 기술요소의 순서를 정하며, 기술에 대한 구두법을 명시한다. 이 규정들은 전자형태든 인쇄형태이든 첫 번째는 국가서지기관이 생산한 서지레코드와 관련이 있고, 다음으로 다른 편목기관의 서지레코드와 관련이 있다.

계속자료는 종간 예정이 없이 계속적으로 발행되는 서지자료들로 구성된다. 이러한 계속자료에는 연속간행물과 계속적인 통합자료가 포함된다. 연속간행물이 연속적인 낱낱의 호나 부분으로 발행되는 반면, 통합자료는 낱낱의 형태로 남아 있지 않고 하나로 통합되는 갱신의 의미로써 추가되거나 변경된다. 목록작성을 위해, ISBD(CR)에서는 발행의 형태에 따라 두 가지 방식으로 계속자료를 취급하고 있다.

또한 계속자료의 규칙을 적용하여 목록작성이 되는 것에는 권호사항을 갖는 연속적인 호나 부분으로 발행되는 서지자료들로, 연속간행물의 또 다른 특성(표제에 간행빈도 표시가 있는)을 지니고 있지만 그 존속기간이 제한되어 있다(예를 들면, 어떤 사건의 뉴스레터). 이외에도 연속간행물의 별쇄와 종결 통합자료(예를 들면, 정치나 선거운동을 위한 웹 사이트)는 계속자료의 목록규칙을 적용하여 목록이 작성된다.

ISBD(CR)은 출판된 여러 가지 ISBD들 가운데 하나이다. 즉, ISBD에는 단행본용 ISBD(M), 1801년 이전 발행 단행본용 ISBD(A), 음악자료용 ISBD(PM), 지도자료용 ISBD(CM), 비도서자료용 ISBD(NBM), 그리고 전자자료용 ISBD(ER) 등이 있다. 모든 ISBD들은 일반공통용 ISBD(G)에 바탕을 두고 있다(0.3의 개요비교를 보라).

각각의 ISBD는 해당 유형의 서지자료에 대하여 일관성이 있는 일련의 규정을 구체화하기 위하여 마련된 것이다. 그러나 어떤 ISBD도 배타적이 되도록 하고자 한 것은 아니다. 기술대상 서지자료가 다른 ISBD들에 기술되는 자료의 특성을 보이는 경우, 사용자는 때때로 여러 개의 ISBD들을 참고해야 할 것이다. 예를 들면, 자료의 특별범주에서 연속간행물은 1.2항의 일반자료표시(GMD), 제5사항(형태기술사항), 그리고 제3사항(자료특성사항)의 일부 조항들을 제외하고는 ISBD(CR)에 따라 기술될 것이다. 위의 1.2항, 제5사항, 그리고 제3사항에 대한 규칙은 단행자료 위주의 ISBD들 즉, ISBD(NBM)과 ISBD(CM) 등에 기재되어 있다. 어떤 계속자료 유형들은 몇몇 ISBD들이 결합되어 기술될 것이다. 예를 들면, 연속간행지도자료(serial map)의 경우 ISBD(CM)의 제3사항과 ISBD(CR)이 결합되어 기술이 이루어질 것이다.

0.1.2 목적

모든 ISBD들의 주요한 목적은 국가서지기관들과 세계의 모든 도서관 및 정보 커뮤니티 간에 서지레코드의 국제적인 교환을 돕기 위하여 세계적으로 호환성 있는 기술목록의 규정을 제공하기 위한 것이다. 서지기술을 구성하고 있는 요소들을 명시하고, 이들 요소들이 표시되어져야 할 순서와 이들 요소를 구별해 주는 구두점을 규정함으로써 ISBD들은 다음과 같은 목적을 두고 있다.

(a) 서로 다른 정보원으로부터의 레코드들을 상호 교환할 수 있도록 해 줌으로써, 어느 한 국가에서 생산되는 레코드가 다른 나라의 도서관 목록 또는 다른 서지리스트에 쉽게 수용될 수 있도록 한다.

(b) 언어의 장벽을 넘어 레코드의 해독을 도움으로써, 어느 한 언어의 이용자들을 위해 생산되는 레코드들이 다른 언어의 사용자들에 의해 해석될 수 있도록 한다.

(c) 서지레코드들을 전자형태로 변환하는데 도움을 준다.

0.1.3 적용

모든 ISBD들은 서로 다른 범위의 서지활동에서 요구되는 최대한의 기술정보를 포함하기 위한 규정을 제공하고 있다. 따라서 그 요소들이 반드시 모든 활동에 필요한 것은 아니지만 하나 이상의 서지활동에 필수적인 요소들이 포함되어 있다.

각국의 국가서지기관은 그 나라에서 발행되는 각각의 서지자료에 대해 완전한 레코드 생성에 책임을 가지며, 해당 정보들을 기술대상 서지자료에 적용할 수 있는 한 관련된 ISBD에 설정된 모든 필수요소를 수록하고 있는 완전한 기술사항을 마련하도록 권고 받고 있다. 또한 상호간에 서지레코드를 공유하고 있는 도서관들이 이러한 관례를 따르도록 권고 받고 있다.

특정 요소들은 모든 상황에서 필수적인 요소로 지시된다(이 책 전체에 걸쳐 '기재한다'라는 표현을 사용할 것이다). 몇몇 요소들은 특정 상황에서 필수적이다(이 책 전체에 걸쳐 '식별을 위해 필요하거나 또는 그렇지 않으면 목록 이용자들에게 중요하다고 간주되는' 것과 같은 상황과 관련하여 '기재한다'라는 표현을 사용할 것이다). 해당 상황이 적용되지 않는 경우, 해당 요소 적용은 임의규정이 된다. 그 밖의 요소들은 모든 경우에 임의적인 것으로 지시된다(이 책 전체에 걸쳐 '임의규정' 또는 '할 수도 있다'라는 표현을 사용할 것이다). 그리고 이들 요소에 관한 정보는 해당 기관의 재량으로 포함시킬 수도 있고, 생략할 수도 있다.

국가서지기관을 제외한 그 밖의 편목기관들은 국제교환을 위해 완전한 레코드를 제공하지 않으므로 더 광범위한 선택권을 갖게 된다. 이들 편목기관들이 선택한 요소들을 관련된 ISBD에 따라 지정된 순서대로 기재하고 지정된 구두점과 함께 옮겨적기만 한다면, 그들은 필수규정 또는 임의규정에 상관없이 자체 레코드에 포함시키기 위해 ISBD 요소들을 선택할 수 있다.

ISBD 기술은 완전한 서지레코드의 일부분을 구성하며, 통상 단독으로는 사용되지 않는다. 표목과 주제 정보와 같이 하나의 완전한 서지레코드를 구성하는 요소들은 ISBD 규정에 포함되지 않는다. 그와 같은 요소에 대한 규칙은 보통 목록규칙에서 제공한다.

특수 장서와 관련된 정보제공적인 요소(예를 들면, 자료위치나 소장기록 등)는 ISBD(CR)에서 제공되지 않는다. 그와 같은 요소들은 일반적인 기술에 추가될 수 있는 자관 요소들(local elements)이다.

국가목록규칙에서 요구될 수도 있는 본표제의 변경에 대한 참조나 기타 참조들은 계속자료의 서지기술 일부분으로 포함되어 있지 않으며, ISBD(CR)에서도 규정되어 있지 않다. 그러나 그것들은 서지나 목록에서 반드시 필요한 요소가 될 수도 있다.

0.1.3.1 ISBD(CR)과 ISSN간의 관계

ISSN 레코드는 계속자료를 기술하기 위한 것이 아니라 식별하기 위해 지정된다는 점에서 ISBD(CR) 레코드와 다르며, 이러한 목적을 위해 가장 중요한 요소들은 국제표준연속간행물번호(International Standard Serial Number: 0.2의 정의를 보라)와 함께 사용되는 등록표제(key title)이다. ISBD(CR) 레코드 요소들과 ISSN 레코드 요소들간의 호환성을 유지하는 방법이 마련되어 있다. 즉, ISSN 레코드 요소들과 관계있는 ISBD(CR) 요소들 중 가장 중요한 요소들의 리스트를 0.3.3에 수록하였다.

많은 도서관들과 도서관적 기능을 하고 있는 기관들에 제안하건대, 계속자료의 간단한 전거레코드는 ISSN Register로부터 입수할 수 있다.

0.2 용어정의

ISBD(CR)에서 특별한 의미로 사용되는 용어나, 일반적으로 사용될 경우에는 여러 의미 중의 하나로 사용되는 용어들에 대해 정의하고자 한다. 또한 보통 서지적인 의미로 사용되는 몇몇 용어들에 대해서도 정의하고자 한다.

흡수(Absorption):

하나 이상의 계속자료가 다른 계속자료에 합쳐지는 것을 의미하며, 일반적으로 통합되어지는 계속자료들의 독립적 실체는 없어진다.

딸림자료(Accompanying material):

해당 서지자료의 주요 부분(들)과 함께 발행되고, 그 부분과 함께 사용하기 위한 모든 자료. ('삽입물'도 보라.)

딸림자료 표시(Accompanying material statement):

딸림자료에 대한 간략한 기술.

약어(Acronym):

단체명이나 표제와 같은 복합용어 각각의 연속적 단어들(부분들) 또는 주요 단어들(부분들)의 머리글자(들)로 구성된 단어. ('두문자어'도 보라.)

별표제(Alternative title):

표제가 두 부분(각각 표제의 형태를 갖춘)으로 구성되고, 단어 '일명'('or')이나 해당 언어의 그에 상응하는 단어로 연결된 본표제의 두 번째 부분.

분출 표제면(Analytical title page):

단행본 총서에서 단행본의 표제면과 같이 포괄적 기술을 하기 위해, 서지 자료의 부분에 대한 기술의 기반으로서 선택된 표제면.

사항(Area):

특정 범주 또는 일련의 범주에 대한 데이터로 구성된 서지기술의 주요 부분.

표제선행사항(Avant-titre):

본표제의 도입어구가 되고, 표제면 또는 대체표제면에서 해당 계속자료의 본표제보다 앞서 나오는 표제관련정보. '관제'라고도 함.

서지기술(Bibliographic description):

서지자료를 기록하고, 식별하는 일련의 서지데이터.

서지자료(Bibliographic resource):

서지기술의 기초가 되고 있는 저작(work) 또는 개별자료(item)의 표현형(expression)이나 구현형(manifestation). 서지자료는 어떤 하나의 매체나 여러 개의 매체가 결합되어 나타날 수 있으며, 실체가 있거나 없을 수도 있다

권두표제(Caption title):

본문의 첫 페이지 서두에 나타나는 서지자료의 표제.

판권기(Colophon):

서지자료의 발행이나 인쇄에 대한 정보를 제공하고 때로는 표제를 포함한 다른 서지정보를 제공하는 표시로, 대개 서지자료의 맨 뒤에 나타난다.

공통표제(Common title):

서로 다른 부문표제 외에 관련된 서지자료의 그룹에 의해 부여되는 표제의 해당 부분. 공통표제는 이러한 관계를 나타내고, 또한 부문표제와 함께 해당 서지자료를 식별해 준다. 부록(들), 삽입물(들) 또는 하위총서가 종속표제를 가지고 있는 경우, 상위 서지자료와 그 부록 및 삽입물, 그리고 상위총서 및 그 하위총서에 공통표제가 나타난다.

계속자료(Continuing resource):

종간 예정 없이 지속적으로 발행되는 서지자료. 계속자료에는 연속간행물과 계속적인 통합자료가 포함된다.

단체(Corporate body):

특정 명칭으로 식별되는 개인이나 조직의 모든 그룹 및 단체. 여기에는 회합, 회의, 의회, 원정회의, 전시회, 축제, 그리고 박람회와 같이 명칭이 부여된 임시적 그룹이나 행사들을 포함한다.[2] 단체의 전형적인 예는 협회, 학회, 기업, 비영리단체, 정부, 정부기관, 종교단체, 그리고 협의회 등이다. ('발행기관'도 보라.)

표지(Cover):

자료의 형태와 상관없이 서지자료를 바깥으로부터 감싸고 있는 것.

표지표제(Cover title):

서지자료의 (원래의)앞표지에 인쇄된 표제.

종속표제(Dependent title):

서지자료를 식별하기 위해 그 자체 표제만으로는 불충분하고 공통표제를 필요로 하는 표제. 그 예로 부문표제, 일부 부록 및 삽입물표제, 그리고 일부 하위총서표제가 있다.

종속표제 권호표시(Dependent title designation):

공통표제를 가진 둘 이상의 관련된 계속자료를 구분하기 위해 단독 또는 종속표제와 함께 제공되는 권호사항. ('부문 권호표시'와 '하위총서 권호표시'도 보라.)

판(Edition):

직접적인 접촉이나 사진 또는 다른 방법에 의해 대체로

---

2) *Form and Structure of Corporate Headings.* — London : IFLA International Office for UBC, 1980.

동일한 원본으로부터 제작되고, 동일한 기관이나 단체 또는 개인에 의해 발행되는 어떤 계속자료의 모든 복본들. ('영인본'도 보라.)

판표시(Edition statement):

서지자료가 어떤 판에 해당되는가를 지시해주는 단어나 어구, 또는 문자군.

요소(Element):

서지정보의 명백한 단위를 표시하고, 서지기술 사항의 일부를 형성하는 단어나 어구 또는 문자군.

영인본(Facsimile reprint):

주요 본문을 이전 판으로 부터 그대로 복제한 서지자료.

이전표제(Former title):

어떤 계속자료가 다른 표제로 계속 간행되거나(전체 또는 부분적으로), 다른 계속자료와 통합되어 다른 표제(들)로 간행되거나, 또는 다른 계속자료에 흡수되어 다른 표제로 간행되는 경우, 그와 같은 계속자료의 이전의 표제.

간행빈도(Frequency):

① 일간, 주간, 월간, 연간 등과 같이 연속간행물이 발행되는 간격. ② 통합자료의 갱신본이 발행되는 간격.

일반자료표시(General material designation):

서지자료가 속한 자료의 범주를 광범위하게 나타낸 용어.

속명(Generic term):

서지자료의 종류 및 주기성을 나타내는 일반적인 용어. 논집(Abhandlungen), 연보(annales), 연차보고서, 회보(bulletin), 정기간행 평론집(cahiers), 학술회의보고서(compte rendu des sėances), 회람장(circular letter), 저널, 뉴스레터, 임시기록(occasional paper), 회의록, 보고서, 의사록 등과 같은 용어와 해당 언어의 그에 상응하는 용어들은 속명으로 취급한다.

삽화(Illustration):
서지자료 내에 수록된 도표, 그림 또는 기타 도식표시.

독립표제(Independent title):
표제만으로 어떤 서지자료를 식별하기에 충분한 표제.

두문자어(Initialism):
어떤 단체명이나 기타 개체명의 두문자어, 또는 어떤 단어군의 두문자어. ('약어'도 보라.)

삽입물(Insert/Inset):
가제식이나 고정식에 관계없이 정기 또는 비정기적으로 다른 서지자료에 삽입되어 발행되는 서지자료. ('딸림자료', '공통표제', '독립표제'도 보라).

통합자료(Integrating resource):
낱개로 분리되어 있지 않고 전체로 통합된 형태를 유지하면서, 갱신의 형태로 추가되거나 변경되는 서지자료. 통합자료는 종결 통합자료와 계속 통합자료로 구분된다. 통합자료의 예로는 갱신되는 가제식자료와 갱신되는 웹 사이트가 있다.

국제표준도서번호(ISBN: International Standard Book Number):
체크 번호를 포함한 10개 숫자로 이루어지며, 알파벳 접두사 ISBN이 앞에 온다. ISBN은 어떤 특정 발행처에 의해 발행되는 저작의 판을 식별하며, 그 판에 대해서 유일하다. ISBN은 국가 ISBN 기관에 의해 부여되며, ISO의 표준

ISO 2108에 의거한다.

국제표준연속간행물번호(ISSN: International Standard Serial Number):
체크 번호를 포함한 8개 숫자로 이루어지며, 알파벳 접두사 ISSN이 앞에 온다. 등록표제(key title)를 가진 ISSN은 특정한 연속간행물 또는 통합자료를 유일하게 식별한다(*ISSN Manual*을 보라). ISSN은 ISSN 네트워크에 의해 부여되며, ISO의 표준 ISO 3297에 의거한다.

ISSN Network:
전 세계 계속자료의 등록을 보증하는 컴퓨터기반의 데이터뱅크를 생성·유지하기 위해 연대적 책임을 지는 운영센터들의 국제적 네트워크. ISSN Network는 ISSN의 등록 임무를 맡고 있다.

호(Issue):
① 연속간행물의 연속적인 부분 중의 하나; 연속간행물의 최소수준의 연속적인 부분을 나타내는데 사용되는 용어.
② 원본에서 만들어진 서지자료의 새로운 판. 새로운 판은 원본을 그대로 복제할 수도 있으며(대개 쇄라 불리우는), 적지만 뚜렷한 변화를 포함할 수도 있다(대개 호라 불리우는). ('재판'도 보라.)

발행기관(Issuing body):
서지자료가 발행될 수 있도록 후원하는 단체. 단체는 서지자료에 지적인 책임이 있거나 없을 수 있으며, 발행자가 되거나 되지 않을 수 있다.

반복부분(Iteration):
처음 간행되었거나 갱신되어진 최신 상태의 통합자료물.

저널(Journal):

종종 정기간행물을 나타내는 용어, 특히 보다 더 학술적인 정기간행물.

등록표제(Key title):

ISSN Network가 계속자료에 할당한 고유(유일)표제로 ISSN과 연계되어 있다. 등록표제는 본표제와 동일할 수도 있다. 또는 고유성을 위해 발행기관명, 발행지명, 판표시 등과 같은 식별요소 및 한정요소를 첨가하여 구성될 수 있다.

로고(Logo):

신문명, 회사명, 단체명 등과 같은 용어로 꾸며진 단일 활자나 단일 도판. 종종 양식화되거나 장식적인 형태로 설계된다.

가제식자료(Loose-leaf):

'갱신되는 가제식 자료'를 보라.

상위총서(Main series):

하나 이상의 하위총서를 갖고 있으면서 권호가 부여된 총서.

발행인란(Masthead):

신문이나 정기간행물의 표제, 소유권, 편자 등에 관한 표시; 그 위치가 매우 다양한데, 신문에는 보통 편집자란이나 제1면의 상단에 나타나고 정기간행물에는 목차면에 나타난다.

합병(Merger):

새로운 계속자료를 만들기 위해 둘 이상의 계속자료가 합쳐지는 것으로, 대개 합병되어진 계속자료는 이전의 독립적인 실체를 상실하게 된다.

단행본(Monographic publication):

단권으로 완결되거나, 한정된 권수로 완결예정인 출판물.

다단계기술(Multi-level description):

서지정보를 둘 이상의 단계로 구분하는 방식에 근거한 서지기술 방법. 첫 번째 단계는 전체적이거나 주된 서지자료에 대한 공통적인 정보를 포함한다. 두 번째 이하의 단계는 부분, 부문, 하위총서 등에 관련되는 정보를 포함한다.

신문(Newspaper):

대개 일간, 주간, 반주간(半週刊) 등의 일정 간격을 두고 지정된 일자에 간행되는 연속간행물로, 사건을 보도하고 일반적인 최신 관심주제를 논평한다.

권호(Numbering):

출판물 각각의 연속적인 호나 부분에 대한 식별표시. 첨부되는 단어(권, 호 등) 또는 연대순의 표시 유무에 관계없이 숫자, 문자, 기타 다른 문자, 또는 이들의 조합을 포함할 수 있다.

진행자료(Ongoing resource):

'계속자료'를 보라.

표제관련정보(Other title information):

해당 서지자료의 본표제와 종속적으로 관련되어 나타나는 단어나 어구 또는 문자군. 표제관련정보는 다른 표제(예를 들면, 대등표제, 해당 서지자료에 포함되는 개개 저작의 표제, 총서/하위총서표시의 표제)와 종속적으로 관련되어 나타나기도 한다. 표제관련정보는 해당 표제를 한정, 설명하거나 완성시켜 주며, 또한 해당 서지자료에 수록된 저작의 특성과 내용 등을 나타내거나, 해당 서지자료의 발행에 대한 동기나 이유를 나타내기도 한다. 표제관련정보에는 부표제와 표제선행사항이 포함되지만, 해당 서지자료에 나타나면서 지정정보원에는 나타나지 않는 이형표제(예를 들면, 책등표제, 용기표제, 레코드 표지표제 등)는 포함되지 않는다.

대등표제(Parallel title):

본표제와 대등하게 나타나는 다른 언어 및 문자로 된 본표제. 대등표제는 총서/하위총서표시에서 본표제와 함께 나타나기도 한다.

정기간행물(Periodical):

보통 개별적인 논문을 포함하고 있으면서 연간보다는 더 자주 정기적인 간격으로 발행되는 연속간행물의 일종.

권두지면(Preliminaries):

이표제면(또는 이대체표제면)을 포함하여 표제면(또는 대체표제면)과 표제면(또는 대체표제면)의 앞에 나타나는 모든 지면.

지정구두법(Prescribed punctuation):

서지기술의 각 요소(표제와 책임표시사항의 첫 번째 요소는 제외) 또는 사항에 기재되는 정보의 앞에 오도록 하거나 이를 괄호로 묶기 위해 서지작성기관이 부여하는 구두법.

지정정보원(Prescribed source of information):

서지기술의 각 요소 또는 사항을 기재하기 위해 정보를 채기한 정보원.

출판물(Publication):

'서지자료'를 보라.

재판(Reprint):

① 원본에서 만들어진 서지자료의 새로운 형태. 새로운 형태는 원본을 그대로 복제할 수도 있으며(보통 쇄라 불리우는), 미세하지만 뚜렷한 변화를 포함할 수도 있다(보통 호라 불리우는).

② 실질적으로 변화가 없는 새로운 판. ('판', '영인본', '호'도 보라.)

부문(Section):

공통표제를 가지고 있는 일군의 관련 서지자료의 일부분. 부문은 대체로 특정주제 범주에 대한 것으로, 해당 집단의 공통표제와 부문표제, 그리고 부문 권호표시로 식별된다. 부문에는 둘 이상의 계층수준(하위부문)이 있을 수 있다.

부문 권호표시(Section designation):

공통표제 다음에 오는 권호사항으로, 단독으로 오거나, 공통표제를 가지고 있는 일군의 관련 서지자료의 일부분을 식별하기 위해 부문표제와 함께 온다.

부문표제(Section title):

공통표제를 가지고 있는 일군의 관련 서지자료의 일부분을 식별하기 위해 사용되는 어떤 특정 부문의 표제. 부문표제는 그것의 구별이 가능하든 아니든, 자료 식별을 위해 공통표제에 종속된다.

연속간행물(Serial):

종간 예정이 없이 연속적인 낱낱의 호나 부분으로 간행되며, 대체로 권호사항을 포함하고 있는 계속자료. 연속간행물의 예로는 저널, 잡지, 전자저널, 계속 발행되는 명감, 연간보고서, 신문, 단행본총서가 있다.

총서(Series):

① 각각의 서지자료가 그 자체의 본표제뿐만 아니라 전체적으로 해당 집단에 적용되는 종합표제 즉, 총서의 본표제를 가지고 있다는 사실에 의하여 상호관련이 있는 일군의 독립적인 서지자료. 독립적인 서지자료에는 권호가 부여될 수도, 그렇지 않을 수도 있다. 총서로 발간되는 책은 단행본일수도, 계속자료일 수도 있다.

② 해당 연속간행물에서 호나 부분들에 부여된 권호의 순서.

총서표시(Series statement):

총서를 식별하고, 해당 총서 내의 독립된 서지자료들의 모든 권호사항을 포함하는 주요 요소. ('하위총서표시'를 보라.)

특정자료표시(Specific material designation):

해당 서지자료가 속한 자료의 특정 범주를 나타내는 용어.

분리(Split):

하나의 계속자료가 둘 이상의 새롭고, 독립적인 계속자료로 분할되는 것.

책임표시(Statement of responsibility):

저작물의 지적, 예술적 내용의 창조 또는 구현에 책임이 있거나 기여한 어떤 개인이나 단체의 식별 및 기능에 관련되는 이름이나 어구 또는 문자군. 책임표시는 표제(예를 들면, 본표제, 대등표제, 해당 서지자료에 포함된 개개 저작들의 표제, 총서/하위총서표시에 나타나는 표제) 또는 판표시와 함께 나타날 수도 있다.

하위총서(Sub-series):

권호가 부여된 총서(상위총서)의 일부로 나타나는 총서. 하위총서는 상위총서의 표제에 종속되는 표제를 가지거나 가지지 않을 수도 있다. ('공통표제'와 '종속표제'도 보라.)

하위총서 권호표시(Sub-series designation):

상위총서의 표제 다음에 오는 권호로, 단독으로 사용되거나, 하위총서의 표제와 함께 사용될 수도 있다. ('부문 권호표시'도 보라.)

하위총서표시(Sub-series statement):

하위총서를 식별하고, 하위총서내의 독립된 서지자료의 모든 권호를 포함하는 주요 요소. 해당 표제가 상위총서의 표제에 종속되는 하위총서의 경우, 하위총서표시는 상위총서의 표제와 하위총서의 표제 모두를 포함하고, 하위총서의 권호표시를 포함할 수도 있다. ('총서표시'도 보라.)

부록(Supplement):

대개 독립적으로 발행되며, 최신의 자료를 도입한다거나, 이를 존속하거나 또는 상위서지자료에 포함되지 않은 특정 부분을 포함시킴으로써 상위서지자료를 보충해 주는 서지자료. 부록은 상위계속자료의 표제에 종속되는 표제를 가지거나 가지지 않을 수도 있다. ('공통표제'와 '종속표제' 도 보라.)

떼뜨베슈(Tête-bêche):

본문이 서로 반대로 전개되는 즉, 하나의 저작내용은 '전면'에서 시작되고, 다른 저작의 내용은 '후면'에서 시작되는 제본형식.

표제(Title):

일반적으로 서지자료에 나타나는 단어나 어구 또는 문자

군으로, 해당 서지자료 또는 그 서지자료에 포함된 저작(또는 일군의 개별 저작들 중에 어느 하나)의 이름이다. 일반적으로 하나의 서지자료는 여러 개의 표제(예를 들면, 표제면, 표지 또는 책등에서)를 갖게 될 것이며, 이러한 표제들은 동일하거나 서로 다를 수도 있다. ('공통표제'와 '종속표제'도 보라.)

표제면(Title page):

서지자료의 처음에 오는 면으로 본표제를 포함한다. 또한 반드시 그런 것은 아니지만, 대체로 책임표시와 발행관련 정보를 포함한다.

대체표제면(Title-page substitute):

서지자료의 면, 면의 일부, 또는 다른 구성요소로서, 보통 표제면에 나타나는 정보를 포함하며, 표제면이 없는 경우 이를 대신한다(예를 들면, 표지, 권두, 발행인란, 편집자란, 판권기).

본표제(Title proper):

해당 서지자료의 주된 표제 즉, 표제면 또는 대체표제면에 나타나는 형식으로 서지자료의 표제. 본표제는 모든 별표제를 포함하지만, 대등표제와 표제관련정보는 제외한다. 어떤 부문 또는 일부 부록과 일부 하위총서 표제의 경우 본표제는 두 개 이상의 부분 즉, 공통표제(또는 상위서지자료의 표제나 상위총서표제)와 종속표제 및 종속표제 권호표시로 구성될 수 있다. ('공통표제', '종속표제', '종속표제 권호표시'도 보라.)

URL(Uniform Resource Locator):

컴퓨터 네트워크상에서 전자자료의 위치를 표시하는 주소

체계. 하나의 URL은 원하는 자료를 얻기 위해 사용되는 특정 프로토콜 다음에 오는 서비스 식별자로 구성된다(예를 들면, http://www.ieee.org/). ('WWW'도 보라.)

갱신되는 가제식자료(Updating loose-leaf):

하나 이상의 기본 권(volumes)으로 구성되는 통합자료로서, 기본권은 독립적인 페이지들이 삽입, 삭제, 대체됨으로써 갱신된다.

웹 페이지(Web page):

WWW 사이트내의 하이퍼텍스트 문서 페이지들 중 하나. 웹 페이지는 하위요소인 홈 페이지와 함께 WWW를 구성하는 거대한 문서집단을 나타낸다.

웹 사이트(Web site):

'WWW'를 보라.

WWW(World Wide Web):

하이퍼텍스트기술을 사용하여 문서들을 연결하는 인터넷 서비스. 단어형태의 링크와 URL 등이 인터넷에 저장된 문서들을 찾아내고 접근하도록 해준다.

WWW 사이트(World Wide Web site):

접근하고 이용하기 위해 URL 형태로 식별되면서 웹 페이지를 저장하고 있는 WWW상의 어떤 위치. ('URL'도 보라.)

0.3 ISBD(G)와 ISBD(CR) 및 ISSN의 개요 비교

0.3.1 ISBD(G)의 개요

주: 첫 번째 이외의 각 사항은 마침표, 빈칸, 붙임표, 빈칸(. —)을 앞세워 적는다.

사항	구두점	요소
1. 표제와 책임표시사항		1.1 본표제
	[ ]	1.2 일반자료표시(임의규정)
	=	1.3 대등표제
	:	1.4 표제관련정보
		1.5 책임표시
	/	첫 번째 책임표시
	;	다른 성격의 책임표시
2. 판사항		2.1 판표시
	=	2.2 대등판표시(임의규정)
		2.3 특정판에 관련된 책임표시
	/	첫 번째 책임표시
	;	다른 성격의 책임표시
	,	2.4 부차적 판표시
		2.5 부차적 판표시에 따른 책임표시
	/	첫 번째 책임표시
	;	다른 성격의 책임표시
3. 자료(또는 발행유형) 특성사항		
4. 발행, 배포 등 사항		4.1 발행지, 배포지 등
		첫 번째 발행지
	;	두 번째 이하의 발행지

	:	4.2 발행처명, 배포처명 등
	[ ]	4.3 배포처의 기능표시
	,	4.4 발행일, 배포일 등
	(	4.5 제작지
	:	4.6 제작처명
	,)	4.7 제작일
5. 형태기술사항		5.1 특정자료표시 및 수량
	:	5.2 기타 형태세목
	;	5.3 크기
	+	5.4 딸림자료표시(임의규정)
6. 총서사항		6.1 총서 또는 하위총서의 본표제
주: 총서표시는 원괄호를 하며, 둘 이상의 총서표시가 있는 경우 각각 원괄호를 한다.	=	6.2 총서 또는 하위총서의 대등표제
	:	6.3 총서 또는 하위총서의 표제관련정보
		6.4 총서 또는 하위총서와 관련된 책임표시
	/	첫 번째 책임표시
	;	두 번째 이하의 책임표시
	,	6.5 총서 또는 하위총서의 국제표준연속간행물번호(ISSN)(임의규정)
	;	6.6 총서 또는 하위총서의 권호
7. 주기사항		
8. 표준번호(또는 별도기호) 및 입수조건사항		8.1 표준번호(또는 별도기호)
	=	8.2 등록표제
	:	8.3 입수조건 및 가격
	( )	8.4 한정어(다양한 위치에서)

0.3.2 ISBD(CR)의 개요

ISBD(CR)의 개요에 관한 일반사항

A. 임의 요소들은 나타나 있는 그대로 표시한다(0.1.3을 보라).
B. 별표(*)가 앞에 표시되어 있는 요소는 필요한 경우 반복할 수 있다.
C. 총서사항(제6사항), 주기사항(제7사항), 표준번호(또는 별도기호) 및 입수조건사항(제8사항)은 필요한 경우 반복할 수 있다.
D. 개요에서 사용하는 '첫 번째 책임표시…'('first statement …'), '다른 성격의 책임표시….'('subsequent statement …') 등과 같은 용어는 이들 표시가 기술에서 기재되는 순서를 나타내며, 어떠한 함축적 의미도 갖지 않는다.
E. 보통 어느 한 사항 또는 요소에 관련된 정보가 다른 사항 또는 요소의 중요한 일부로서 해당 계속자료에 언어적으로 연결되어 나타날 경우, 언제나 나타나 있는 그대로 옮겨 적는다.

사항	구두점	요소
주: 첫 번째 사항 이외의 각 사항은 마침표, 빈칸, 붙임표, 빈칸(. —)을 앞세워 적는다.		
1. 표제와 책임표시사항		1.1 본표제
	[ ]	1.2 일반자료표시(임의규정)
	=	*1.3 대등표제
	:	*1.4 표제관련정보
		1.5 책임표시
	/	첫 번째 책임표시
	;	*다른 성격의 책임표시
2. 판사항		2.1 판표시

	=	*2.2 대등판표시(임의규정)
		2.3 특정판에 관련된 책임표시
	/	첫 번째 책임표시
	;	*다른 성격의 책임표시
	,	*2.4 부차적 판표시
		2.5 부차적 판표시에 따른 책임표시
	/	첫 번째 책임표시
	;	*다른 성격의 책임표시
3. 자료(또는 발행유형) 특성 사항		3.1 권호표시
		3.2 *특정 자료유형이나 출판유형에 대한 기타 고유정보
4. 발행, 배포 등 사항		4.1 발행지, 배포지 등
		첫 번째 발행지
	;	*두 번째 이하의 발행지
	:	*4.2 발행처명, 배포처명 등
	[ ]	*4.3 배포처의 기능표시
	,	4.4 발행일, 배포일 등
	(	*4.5 인쇄지 또는 제작지
	:	*4.6 인쇄처명 또는 제작처명
	,)	4.7 인쇄일 또는 제작일
5. 형태기술사항		5.1 특정자료표시 및 수량
	:	5.2 기타 형태세목
	;	5.3 크기
	+	*5.4 딸림자료표시(임의규정)
6. 총서사항		6.1 총서 또는 하위총서의 본표제
주: 총서표시는 원괄호를 하며, 둘 이상의 총서표시가 있는 경우 각각 원괄호를 한다.	=	*6.2 총서 또는 하위총서의 대등표제
	:	*6.3 총서 또는 하위총서의 표제관련정보

		6.4 총서 또는 하위총서와 관련된 책임표시
	/	첫 번째 책임표시
	;	*두 번째 이하의 책임표시
	,	6.5 총서 또는 하위총서의 국제표준연속간행물번호(ISSN)(임의규정)
	;	6.6 총서 또는 하위총서의 권호
7. 주기사항		
8. 표준번호(또는 별도기호) 및 입수조건사항		*8.1 국표준연속간행물표준번호 또는 다른 표준번호
	=	8.2 등록표제
	:	*8.3 입수조건 및 가격(임의규정)
	( )	*8.4 한정어(임의규정)

0.3.3 ISBD(CR)과 ISSN의 비교

ISBD(CR)-가장 중요한 요소		ISSN 서지데이터[3]
제1사항	본표제	*등록표제 또는 등록표제의 첫 번째 부분*
	대등표제	*대등표제*
	표제관련정보	_[4]
	책임표시	발행기관명[5]
제2사항	판표시	_[6]
제3사항	권호	_[7]

3) ISSN의 서지데이터가운데 이탤릭체로 나타낸 것은 적용할 수 있으면 필수요소이다.
4) 약어나 두문자어로 구성된 본표제의 완전형을 제외하고 표제관련정보는 기재하지 않는다.
5) 등록표제나 ISSN 레코드의 관련필드에서 발행기관명은 책임표시와 대등하다고 할 수 있다.
6) 적용할 수 있으면 등록표제에서 한정어의 형식으로만 적용하라.
7) 현재 계속 발간되고 있는 연속간행물은 처음 시작된 일자를 기술하며, 종간된 연속간

제4사항	발행지	발행지
	발행처	발행처
	발행일	발행일[8]
제5사항	크기	_[9]
제6사항	총서의 본표제	*총서의 등록표제*
	총서의 ISSN	*총서의 ISSN*
	하위총서의 본표제	*하위총서의 등록표제*
	하위총서의 ISSN	*하위총서의 ISSN*
제7사항	서지내력	*서지내력*
제8사항	ISSN	ISSN
	등록표제	등록표제[10]

0.3.3.1 ISBD(CR)과 ISSN요소를 대략적으로 연결시키는 것 이상으로, ISBD(CR) 텍스트는 둘 사이의 차이를 줄이려는 수많은 노력에서 비롯되었다. 위의 관계에서 반드시 유의해야 할 점은 공통/부문(section) 표제, 상위총서/하위총서 표제, 그리고 상위계속자료/부록 및 삽입물표제 등에 관한 ISBD(CR)의 취급방법이 최신의 ISSN의 취급방법을 엄밀히 따르고 있다는 사실이다. 전문용어의 세부적인 사항과 ISSN Manual에서 볼 수 있는 용어의 숨은 개념 또한 그러하다. 공통/부문 표제 상황과 상위총서/하위총서 표제 상황의 복잡한 특성과 특히, 이들이 ISSN에서 ISBD(CR)로 옮겨갈 때에는 더욱 자세한 설명이 필요하다 (공통표제, 종속표제,

행물은 시작 일자와 종간 일자를 기술한다. 이러한 일자는 필수적인 것이 아니며, 몇몇 ISSN 센터에서는 발행일 대신에 나타낸다.

8) 발행일은 원래의 발행시작 일자와 상당히 다른 재판(reprints)의 경우에만 적용한다.

9) 이 사항은 특정 상황에 따라서만 사용된다.

10) 계속자료의 데이터를 식별하는데 가장 중요한 두 가지 즉, ISSN과 등록표제를 ISSN 레코드의 첫 번째 두 개 요소로 옮겨 적는다.

부문, 하위총서, 부록 등에 관한 0.2의 정의도 보라).

A. 부문(section)을 지닌 계속자료는 다음과 같이 취급한다. 부문표제는 독립적으로 존재하든, 그렇지 않던 간에 '공통표제'라 불리는, 모든 부문에 공통적인 표제에 언제나 종속적이다. 부문표제는 '종속표제'이고, 공통표제에 부수적으로 기록된다. 둘이 결합하여 본표제를 구성한다. 공통표제는 개별적인 서지단위를 나타내지는 않으며, 어떤 자료도 공통표제만을 갖지는 않는다.

B. 계속자료가 다른 자료의 하위총서일 경우, 그 자료는 상위총서의 표제에 종속적인 표제를 갖거나 갖지 않을 수도 있다. 구별되고 독립적인 하위총서표제는 본표제로 기록된다. 그러나 구별없는 하위총서표제는 상위총서표제에 종속적으로 기록한다. 후자의 경우 상위총서표제는 '공통표제'가 되고, 구별없는 하위총서표제는 '종속표제'가 된다. 그리고 이 두개가 결합하여 본표제를 구성한다. 나름의 표제와 권호를 지닌 상위총서가 하위총서와는 상당히 독립적으로 존재하는 것은 하위총서의 필수요건이다. 상위총서와 하위총서 둘 다 독립적인 서지단위이다.

C. 계속자료의 부록 및 삽입물의 경우, 비록 그것이 하위총서와는 매우 다른 계속자료의 범주를 구성하고 있다 하더라도 하위총서와 동일한 방식으로 취급한다. 독립표제는 본표제로 기록하고, 종속표제는 상위 계속자료 표제에 종속적으로 기록한다.

마지막으로, ISBD(CR)의 다양한 규정들의 어법을 간소화하기 위하여 사용된 '종속표제 권호표시'와 '종속표제'의 어구들은 부문 권호표시와(또는) 표제, 하위총서 권호표시와(또는) 종속하위총서 표제, 종속 부록 및 삽입물표제 등을 나타내는 것으로 이해되어야 한다.

0.4 구두법

0.4.1 표제와 책임표시사항(제1사항)의 첫 번째 요소를 제외한 기술의 각 요소는 지정된 구두점을 앞세워 적거나 괄호로 묶어 적는다(다른 예외는 0.4.3을 보라). 지정된 구두점은 앞과 뒤에 각각 빈칸(키보드상에서는 한 칸 또는 인쇄시 전각의 칸(em space))을 두지만 쉼표(,)와 마침표(.)는 뒤에만 빈칸을 둔다(0.4.7을 보라). 기타 구두점의 포함여부는 국가서지기관이나 편목기관의 재량에 따른다. 그와 같은 구두점의 앞과 뒤에 나타나는 빈칸의 경우도 마찬가지이다. 비록 ISBD 구두법을 따르게 되어 구두점이 중복되는 결과가 나타나더라도 지정된 구두법을 따른다(예외는 0.4.7을 보라). 오른쪽에서 왼쪽으로 쓰여지는 문자의 구두법은 0.4.11을 보라.

0.4.2 괄호 즉, 원괄호(( ))와 각괄호([ ])(0.4.8을 보라)들은 각각 단일 구두점 부호로 취급되어야 하고, 앞쪽(여는) 원괄호 또는 각괄호 앞에 빈칸을 두고, 뒤쪽(닫는) 원괄호 또는 각괄호 뒤에 빈칸을 둔다(예외는 0.10을 보라). 지정된 구두법에 따라 원괄호나 각괄호의 앞이나 뒤에 빈칸이 올 경우, 빈칸을 한 칸만 둔다.

0.4.3 표제와 책임표시사항(제1사항) 이외의 ISBD 각 사항은 마침표, 빈칸, 붙임표, 빈칸(. —)을 앞세워 적는다. 다만, 문단변경, 활자크기 또는 들여쓰기에 의해 선행사항과 명확하게 구분되는 경우는 예외로 한다. 이 경우에는 마침표, 빈칸,

붙임표, 빈칸(. —)을 생략하거나 선행사항의 끝에 오는 마침표(.)로 이를 대체할 수도 있다.

0.4.4 어떤 사항의 첫 번째 요소가 기술에 나타나지 않을 경우, 첫 번째 요소의 지정된 구두점은 마침표, 빈칸, 붙임표, 빈칸(. —)으로 대체하여 해당사항의 앞에 표시한다.

0.4.5 어떤 사항이 반복되는 경우, 각각의 반복은 마침표, 빈칸, 붙임표, 빈칸(. —)을 앞세워 적는다. 다만 (a) 0.4.3에 기술되는 조건과 (b) 총서사항(제6사항)에서 제시하고 있는 다권본 총서표시를 위한 구두법 유형 B−C의 규정은 예외이다.

0.4.6 어떤 요소가 반복되는 경우, 각각의 반복은 요소에 적합한 지정된 구두점을 앞세워 적는다.

0.4.7 어떤 요소가 마침표로 끝나고, 바로 뒤에 오는 요소의 지정된 구두법이 마침표로 시작되는 경우, 두 개의 마침표 중에 하나만 기재한다.

예: (O) 3rd ed. —
(×) 3rd ed.. —

(O) … — 4th ed.
(×) …. — 4th ed.

0.4.8 다음 세 가지 구두점 부호는 모든 사항이나 대부분의 사항에서 사용할 수 있다.

A. 각괄호([ ])는 표제와 책임표시사항(제1사항)(1.2를 보라)과 발행, 배포 등 사항(제4사항)(4.3을 보라)의 특정 요소를 괄호 안에 넣기 위하여 지정된 구두점이다. 지정정보원(0.5.4를 보라) 이외의 정보원에서 발견된 정보와 서지

기술상의 보기어구(interpolation)(0.6, 0.7, 0.10, 0.11을 보라)는 각괄호로 묶어 적는다.

동일한 사항내에서 연속적인 요소들이 지정정보원 이외의 정보원에서 채기되는 경우, 이들을 한 쌍의 각괄호로 묶어 기재한다. 다만 그 중 하나의 요소가 일반자료표시일 경우는 예외로 하는데, 일반자료표시는 항상 그 자체를 각괄호로 묶어 기재한다. 연속적인 요소들이 서로 다른 사항에 있을 경우, 각 요소는 별도의 한 쌍의 각괄호로 묶어 기재한다.

예: (O) . — [S.l. : s.n.]
(×) . — [S.l.] : [s.n.]
(O) . — [2nd ed.]. — [S.l. : s.n.]
(O) . — [발행지불명 : 발행처불명]

B. 생략표시 즉, 석점기호(…)는 어떤 요소의 특정 부분의 생략을 나타낸다(0.7.1, 0.7.2를 보라).

C. 원괄호(( ))는 총서사항(제6사항)에서 각각의 총서표시, 발행, 배포 등 사항(제4사항)에서 특정요소, 그리고 형태기술사항(제5사항)과 표준번호 및 입수조건사항(제8사항)에서 특정요소 내에 있는 정보를 묶어 적기 위한 지정된 구두점이다.

한 구두점 부호, 즉, 전 후에 빈칸을 띄운 덧셈기호(+)는 제5사항의 지정된 구두점이다(5.4를 보라).

0.4.9 어떤 사항 또는 요소내에서 동일한 정보가 둘 이상의 언어 및 문자로 나타나는 경우, 다음과 같은 규정을 적용한다.

한 요소가 둘 이상의 언어나 문자로 기록된 경우, 첫 번째 이후의 각각의 언어나 문자로 된 정보는 빈칸, 등호, 빈칸(=)을 앞세워 기재한다.

한 사항내에서 둘 이상의 요소가 둘 이상의 언어 및 문자로 기록되어 있는 경우, 각 언어 및 문자로 구성된 요소는 각 요소에 적합한 선행 구두점과 함께 기재한다. 기록된 첫 번째 언어 및 문자에 대한 전체 요소들의 그룹은 첫 번째 요소에 적합한 구두점을 앞세워 기재하고, 첫 번째 이후의 각 그룹은 빈칸, 등호, 빈칸(=)을 앞세워 기재한다.

0.4.10 해당 계속자료에 적용할 수 없는 어떤 사항이나 요소는 기술에 포함하지 않는다. 또한 그와 같은 사항이나 요소의 앞에 오거나 이들을 괄호로 묶어 주는 지정된 구두점도 생략한다.

0.4.11 정보가 오른쪽에서 왼쪽으로 쓰여지는 문자로 기재되는 경우, 지정된 구두점으로 사용되는 쉼표(,)와 세미콜론(;)이 해당 문자 스타일에서 도치될 때는 이를 도치시켜 사용한다. 마찬가지로 마침표, 빈칸, 붙임표, 빈칸 등 지정된 구두점의 조합은 오른쪽에서 왼쪽으로 읽고, 원괄호와 각괄호의 여닫는 의미는 반대로 된다. 그러한 문자에서 도치되지 않는 사선과 서양 아라비아숫자 그룹은 기재할 때 도치시키지 않는다.

왼쪽에서 오른쪽으로 쓰여진 문자와 오른쪽에서 왼쪽으로 쓰여진 문자가 모두 기재된 정보의 처리는 부록 B를 보라.

각 사항에 대한 완전한 구두법 유형은 해당 사항의 첫 부분에 기술된다.

0.5 정보원

0.5.1 기술의 기반

0.5.1.1 연속간행물

기술의 기반은 창간호를 대상으로 하며, 창간호가 없는 경우 입수 가능한 가장 빠른 호를 대상으로 한다. 일반적으로 연속간행물 전체와 관련된 정보원 또는 둘 이상의 권호와 관련된 정보원보다는 창간호 또는 가장 빠른 호를 우선한다.

사항	기술의 기반
1. 표제와 책임표시	창간호나 입수 가능한 가장 빠른 호
2. 판	창간호나 입수 가능한 가장 빠른 호
3. 권호	각각의 간행체제나 간행순서에서 창간호와 종간호
4. 발행, 배포 등	
발행지(처), 배포지(처) 등	창간호나 입수 가능한 가장 빠른 호
제작지(처)	창간호나 입수 가능한 가장 빠른 호
발행일, 배포일	창간호와 (또는) 종간호
5. 형태기술	모든 권호
6. 총서	모든 권호
7. 주기	모든 권호 및 기타 정보원
8. 표준번호 및 입수조건	모든 권호 및 기타 정보원

0.5.1.2 통합자료

기술의 기반은 창간연도를 제외하고는 통합자료의 최신 반복부분 (current iteration)이다.

사항	기술의 기반
1. 표제와 책임표시	최신 반복부분
2. 판	최신 반복부분
3. 자료특성	사용되지 않음
4. 발행, 배포 등	최신 반복부분
발행지(처), 배포지(처) 등	최신 반복부분
제작지(처)	창간호와 (또는) 종간호
발행일, 배포일	
5. 형태기술	최신 반복부분
6. 총서	최신 반복부분
7. 주기	모든 반복부분과 기타 정보원
8. 표준번호 및 입수조건	모든 반복부분과 기타 정보원

0.5.2 인쇄자료의 주정보원

0.5.2.1 인쇄자료의 주정보원은 표제면[11]이나 대체표제면이다. 표제면이 없을 경우, 사용되는 계속자료의 대체표제면을 우선순위별로 열거하면 다음과 같다.

A. 분출 표제면, 표지, 권두, 발행인란, 편집자란, 판권기

11) 표제면은 간행물에 표제면이 없을 경우에는 대체표제면을 의미한다. 이는 본문에서 '표제면'이라는 단어 사용에 관계없이 적용된다. 특정자료범주에서 계속자료의 경우, 지정정보원을 확인하기 위해 적절한 ISBD가 참조되어야 한다. 예를 들면, 연속간행 지도자료의 경우에는 ISBD(CM)을 참조하고, 연속간행 녹음자료의 경우에는 ISBD(NBM)을 참조한다.

B. 기타 권두지면과 외피와 본문의 위아래(머리말, 꼬리말)에 나타나는 기타 정보(예를 들면, 난외표제)

C. 계속자료의 나머지 부분: 서문, 머리말, 목차, 본문, 부록, 등

D. 해당 계속자료의 외부로부터의 참고정보원과 계속자료와 관계없는 정보원(예를 들면, 서지, 발행자 목록)

전통적으로 표제면에 기재된 정보가 권두지면에 나타나는 경우, 반복여부와 관계없이 두 부분을 표제면으로 취급한다.

0.5.2.2 로마자 이외의 문자로 된 계속자료일 경우 완전한 서지 세부 사항들이 판권기에 기재되는 경우가 있는데, 이 때 표제면의 위치에 있으면서 본표제를 수록하고 있는 장(leaf)은 다음과 같은 경우에 표제면으로 간주하지 않는다.

A. 해당 장에 약표제면(half-title page)의 방식으로 본표제만 나타나 있는 경우.

B. 해당 장에 다른 서지정보와 함께 또는 다른 서지정보 없이 필사된 형식(현대 중국, 일본, 그리고 한국의 인쇄에서 사용하고 있는 한자의 전통형식으로 기재된 판권기의 완전한 서지적 세부사항)으로 된 본표제가 나타나 있는 경우.

C. 해당 장에 표제 및 출판 세부사항들이 서양어 형식으로만 나타나 있는 경우.

이러한 각각의 경우에 대체표제면의 첫 번째 우선순위는 판권기이다.

0.5.3 비인쇄자료(nonprint resources)의 주정보원

자료유형에 따른 ISBD에서 주정보원의 결정을 위한 지침은 다음에 이어진다.

0.5.4 지정정보원

계속자료의 해당 호나 부분(issue or part)을 기술하는데 사용되는 정보는 특정 정보원으로부터 정해진 우선순위대로 채기된다. 특정자료범주에서 계속자료의 경우, 지정정보원을 확인하기 위해 적절한 ISBD가 참조되어져야 한다(예를 들면, 연속간행 음반레코드의 경우 ISBD(NBM)을 참조하라). 자료가 직접접근이 가능한 전자연속간행물인 경우, 물리적인 용기나 그것의 레이블을 정보원으로 사용해야 한다.

표제와 책임표시사항(제1사항)과 판사항(제2사항)의 데이터 요소들이 서로 다른 정보원(표제면+표지 또는 표지+판권기 등)에서 발견되는 경우, 정보원의 우선순위(아래 참조)에 따라 정보원을 선택하여 정보원에 기재된 형식대로 옮겨쓰며, 가능하면 그 곳에 기재된 정보원의 순서를 따른다.

자료특성사항(제3사항), 발행, 배포 등 사항(제4사항), 그리고 총서사항(제6사항)에는 다양한 정보원이 지정되어 있으며, 따라서 '지정정보원'을 구성하는 정보원들의 조합이 이루어진다. 이들 사항들의 데이터 요소들이 서로 다른 정보원에서 발견되는 경우, 정보원의 우선순위(아래 참조)에 따라 정보원을 선택하여 정보원에 기재된 형식대로 옮겨 쓰며, 가능하면 그 곳에 기재된 정보원의 순서를 따른다.

해당 사항의 지정정보원 이외의 정보원에서 채기된 정보를 해당 사항의 일부분으로 옮겨 적었을 경우, 각괄호로 묶어 적는다. 계속자료의 표제면이 없을 때 대체표제면의 정보를 괄호로 묶는 원칙은 계속자료의 표제면이 있을 때 정보를 괄호로 묶는 원칙과 동일하다. 또 다른 방법으로 그와 같은 정보는 주기사항(제7사항)에 기재할 수도 있다. 구체적인 규정은 ISBD(CR)의 해당부문에 제시되어 있다.

사항	지정정보원
1. 표제와 책임표시	표제면
2. 판	표제면, 기타 권두지면, 판권기
3. 권호	계속자료 전체, 국가서지
4. 발행, 배포 등	계속자료 전체
5. 형태기술	계속자료 전체
6. 총서	총서표제면, 분출 표제면, 표지, 권두, 발행인란, 편집자란, 판권기, 계속자료의 나머지 부분
7. 주기	모든 정보원
8. 표준번호 및 입수조건	모든 정보원

또한 각각의 사항에 대한 지정정보원은 각 사항의 맨 앞에서 구두법 유형 다음에 바로 제시된다.

0.6 기술의 언어와 문자

표제와 책임표시사항(제1사항), 판사항(제2사항), 자료특성사항(제3사항), 발행, 배포 등 사항(제4사항)의 요소들은 보통 해당 계속자료로부터 옮겨 적는다. 따라서 사용할 수 있는 어디에라도, 해당 계속자료에 나타난 언어 및 문자로 옮겨 적게 된다. 이러한 사항에서의 보기어구(補記語句)는 각괄호로 묶어 적고, 해당 기술 부분의 문맥 언어 및 문자에 맞추어 기재한다. 다만 다음과 같은 경우는 예외로 한다.

- 지정된 약어(0.7을 보라)와 지정된 보기어구(0.10, 0.11을 보라).
- 보기되는 일반자료표시(1.2를 보라)와 배포처 기능표시(4.3을 보라)가 국가서지기관이나 다른 편목기관에 의해 채기된 언어 및 문자로 기재되는 경우.

형태기술사항(제5사항), 주기사항(제7사항), 그리고 표준번호(또는 별도기호) 및 입수조건사항(제8사항)에서 사용되는 용어는 각괄호에 묶어 기재하지 않고, 국가서지기관이나 다른 편목기관에 의해 채기된 언어 및 문자로 기재한다. 다만, 다음과 같은 경우는 예외로 한다.

- 인용표제가 제7사항에 제시되는 경우
- 인용문이 제7사항에 제시되는 경우
- 등록표제가 제8사항에 기재되는 경우

국가서지기관이나 다른 편목기관에 의해 사용되는 문자 이외의 문자가 나타나는 계속자료를 기술할 경우, 필요하다면 해당 기관에 의해 사용되는 문자로 각괄호 없이 번자하여 적거나 그대로 옮겨 적는다.

0.7 간략화와 약어

0.7.1 예외적인 경우로, 기술에 있어 특정 요소의 간략화(abridgement)가 허용된다(예를 들면, 호마다 서로 다른 일자와 숫자를 포함하고 있는 본표제). 그와 같은 경우에 생략은 생략부호로 나타낸다.

0.7.2 다수의 개인명 또는 단체명(1.5.5.3을 보라)으로 이루어져 있는 단일 책임표시가 간략화되는 경우, 생략은 생략부호와 '등'(약어 'et al.' (= et alii, and others)) 또는 로마자 이외의 문자로 된 레코드의 경우는 해당 문자의 그에 상응하는 약어(abbreviation)를 삽입하여 표시한다. 약어는 각괄호로 묶어 적는다.

0.7.3 기타 약어는 해당 규정(예를 들면 4.1.15)에 지시되어 있다.

0.7.4 ISBD의 여러 가지 규정에서는 적용해야 하는 약어의 형식을 일일이 명시하지 않고, '표준약어'(예를 들면, 판사항에서는 2.1.2를 보라)의 사용에 대하여 규정하고 있다. 이러한 약어들은 규정되어 있지는 않으나 ISO 832 *Information and Documentation - Bibliographic Description and References - Rules for the Abbreviation of Bibliographic Terms* 또는 유사한 국가 표준을 사용하도록 권고하고 있다.

0.7.2와 0.7.3에서 지정된 것 이외에, ISBD 전체에 걸쳐 예시에서 사용된 약어들은 설명을 위한 것일 뿐이지 규범이 되는 것은 아니다.

0.7.5 구체적으로 지정되거나 허용된 간략화와 약어를 제외하고,

표제와 책임표시사항(제1사항), 판사항(제2사항), 자료특성사항(제3사항)과 총서사항(제6사항)에서 데이터를 옮겨 적을 때에는 약어를 사용하지 않는다. 하지만 해당 정보원에 간략화와 약어가 나타날 경우에는 예외이다.

0.8 대문자 용법

일반적으로 각 사항의 첫 번째 단어의 첫 자는 대문자로 표기해야 한다. 또한 몇몇 요소(예를 들면, 일반자료표시, 대등표제, 별표제, 부문표제)의 첫 번째 단어의 첫 자도 대문자로 표기해야한다. 다른 대문자 용법(capitalization)은 기술에 사용되는 언어 및 문자에 적합한 용법에 따라야 한다(0.6을 보라). 둘 이상의 언어 및 문자가 기술에 나타날 경우, 전체적으로 기술을 위한 대문자 용법의 유형이 일관성을 갖지 못하더라도 각각의 언어 및 문자는 해당 언어 및 문자의 용법에 따라 대문자로 표기해야 한다.

0.9 예시

ISBD 전체에 걸쳐 제시되는 예시들은 설명을 위한 것일 뿐 규범이 되는 것은 아니다. 다만 해당 규정에서 예시로 제시한 형식을 따라야 한다고 명시한 경우는 예외이다. 대부분의 예시는 기존의 서지자료 기술에 근거하고 있지만, 몇몇 가공의 예시도 포함되어 있다.

ISBD의 영어판에서, 형태기술사항(제5사항), 주기사항(제7사항)과 표준번호 및 입수조건사항(제8사항)의 예시에서 사용되고 있는 용어와 거기에 포함된 단어나 짧은 어구는 영어로 되어 있다. 모든 ISBD의 번역에서는 그와 같은 용어와 단어, 그리고 어구가 번역어로 기재될 것으로 예상된다.

0.10 오식

본표제를 제외하고(1.1.5.1을 보라), 부정확하거나 철자가 틀린 단어는 해당 서지자료에 나타나 있는 그대로 옮겨 적는다. 이와 같은 단어는 앞뒤에 빈칸을 두고, 'sic'라고 표기하고, 이를 각괄호로 묶어 적을 수도 있다([sic]). 또 다른 방법으로, 정정형식을 각괄호로 묶어 보기하되, '실은'('i.e.'(= id est, that is))이나 해당 언어 및 문자의 그에 상응하는 단어를 앞세워 보기할 수도 있다. 철자가 잘못된 단어나 일자(dates)에서 생략된 문자 또는 숫자는 각괄호로 묶어 삽입할 수도 있다(이 경우에는 앞뒤에 빈칸을 두지 않는다).

0.11 부호

이용할 수 있는 어떤 설비로도 복제할 수 없는 부호나 그 밖의 다른 것(일반적으로 숫자도 알파벳도 아닌 글자)은 적절한 기술이나 그에 상응하는 문자나 단어로 대체한다. 대체물은 각괄호로 묶어 표시하고, 필요한 경우 설명주기를 작성한다.

예: [3rd ed.]
주기에 → 판정보가 세 개의 별표로 표제면에 나타나 있음

0.12 새로운 기술을 필요로 하는 변경

0.12.1 **본표제의 변경이 현저한 연속간행물.** 연속간행물에 있어 본표제의 현저한 변경이 있는 경우, 새로운 기술이 필요하다. 다음과 같은 경우는 현저한 변경으로 간주한다.

0.12.1.1 아래의 0.13.1에서 규정한 것을 제외하고, 표제의 처음 다섯 단어 가운데(관사로 시작되는 표제인 경우에는 처음 여섯 단어) 어떤 단어가 추가, 삭제, 변경 또는 재배열이 있는 경우.

Energy policy and conservation biennial report
→ Energy policy and conservation report

New notes
→ Upstream journal

La recherche aéronautique
→ La recherche aérospatiale

Le petit bleu
→ Le petit bleu des Côtes-d'Armor

Scene
→ TV 2

IFLANET unplugged
→ IFLA CD ...

문교법전
→ 교육법전

0.12.1.2 표제의 처음 다섯 단어 다음에(관사로 시작되는 표제인 경우에는 처음 여섯 단어) 어떤 단어의 추가, 삭제 또는 변경이 있어 표제의 의미가 바뀌거나 다른 주제를 나타내는 경우.

The best bed & breakfasts in the world
→ The best bed & breakfasts in England, Scotland &Wales
편집자주: 다른 주제를 나타냄

예외:

Report on the high-level radioactive waste activities conducted under MS 1990, 116C.712, subd. 5A
→ Report on the high-level radioactive waste activities conducted under Minnesota Statutes 116C.712

0.12.1.3 아래의 0.13.1.5에서 규정한 것을 제외하고, 표제에 명명되어 있는 단체명이 변경된 경우.

The register of the Kentucky State Historical Society
→ The register of the Kentucky Historical Society

NFCR Cancer Research Association symposia
→ Association for International Cancer Research symposia

0.12.2 **연속간행물에 있어서 기타 현저한 변경.** 연속간행물에 있어 다음과 같은 경우에도 새로운 기술이 필요하다.

0.12.2.1 본표제가 일반적인 명칭이며, 발행기관이 그 이름을 변경하거나 다른 기관에 의해 발행되는 경우. 단, 아래의 0.13.1.5에 규정한 바와 같이 새로운 기술을 필요로 하지

않는 경미한 기관명의 변경에 대해서는 예외임.

Symposium series / Society for Applied Bacteriology
→ Symposium series / Society for Applied Microbiology

0.12.2.2 판표시가 변경되고, 연속간행물의 범위에 중요한 변경이 나타나는 경우.

Transportation directory. New England edition
→ Transportation directory. Eastern edition

0.12.2.3 물리적 매체가 변경된 경우.

New Zealand national bibliography
편집자주: 책자형태로만 발간됨

→ New Zealand national bibliography
편집자주: 마이크로형태로만 발간됨

MacInTax deluxe
편집자주: 3.5인치 디스켓 형태로 발행됨

→ MacInTax deluxe
편집자주: CD-ROM 형태로 발행됨

0.12.2.4 종래의 종속적인 표제가 독립적인 표제로 바뀐 경우.

Fauna Norvegica. Series B, Norwegian journal of entomology
→ Norwegian journal of entomology

0.12.2.5 연속간행물이 누적되면서 처음 호와 표제 및 언어는 동일하지만, 누적본의 내용이 크게 달라진 경우(예를 들면, 계간으

로 발행되는 색인내용이 연간 누적판에 하나의 자모순으로 통합된 경우).

Reader's guide to periodical literature
편집자주: 격월간 등의 호와는 별도의 권호를 부여하여 연간 및 그 이하의 간격으로 누적판을 발행

0.12.2.6 두 개 이상의 연속간행물이 하나로 합병된 경우(7.2.4.5를 보라).

Archivio di ottalmologia와 Rassegna italiana di ottalmologia을 합병
→ Archivio e rassegna italiana di ottalmologia

0.12.2.7 하나의 연속간행물이 두 개 이상의 연속간행물로 분리된 경우(7.2.4.6을 보라).

Geografi i Bergen
→ Geografi i Bergen. Serie A와 Geografi i Bergen. Serie B로 분리

0.12.3 **통합자료의 현저한 변경.** 통합자료에 있어 다음과 같은 경우에는 새로운 레코드를 작성한다.

0.12.3.1 판사항이 변경되고 자료의 범위에 중요한 변경이 나타나는 경우.

Manual of forestry management practices. Canadian edition
→ Manual of forestry management practices. North American edition

0.12.3.2 물리적 매체가 변경된 경우.

Cuademos de historia medieval (책자형 버전)

→ Cuademos de historia medieval (온라인 버전)

0.12.3.3 두 개 이상의 자료가 하나로 합병된 경우(7.2.4.5를 보라).

USMARC format for bibliographic data와 Canadian MARC communication format for bibliographic data을 합병
→ MARC 21 format for bibliographic data

농림통계연보 / 농림부 [편]과
수산통계연보 / 수산부 [편]을 합병
→ 농림수산통계연보 / 농림수산부 편

0.12.3.4 하나의 자료가 두 개 이상의 자료로 분리된 경우(7.2.4.6을 보라).

0.13 새로운 기술을 필요로 하지 않는 변경

0.13.1 **표제의 변경이 경미한 연속간행물.** 연속간행물에 있어 본표제의 변경이 경미할 경우에는 새로운 기술을 필요로 하지 않으며, 이 때 변경된 표제는 일반적으로 주기사항에 기재한다(7.1.1.5.1을 보라). 아래와 같은 경우는 경미한 변경으로 간주한다.

0.13.1.1 단어 표현상의 변경. 예를 들면,

- 철자를 다르게 함:

  Statistisk aarbog for kongeriget Norge
  → Statistisk årbok for kongeriket Norge

  Labour history
  → Labor history

Lakeland lib*arian

→ Lakeland librarian

- 약어, 기호, 부호(예를 들면, '&')와 완전형:

Accommodations and travel services

→ Accommodations & travel services

Ga. peach statistics

→ Georgia peach statistics

St. Paul pioneer press

→ Saint Paul pioneer press

Oxf. Hist. Soc.

→ Oxford Historical Society

- 아라비아 숫자와 로마숫자:

XXe siècle

→ 20e siècle

- 숫자 또는 일자와 완전형:

Four wheel fun

→ 4 wheel fun

XX century

→ Twentieth century

- 하이픈이 포함된 글자와 그렇지 않은 글자:

Year-book of the...

→ Year book of the...

- 하이픈 연결여부와 관계없이 한 단어 조합어와 두 단어 조합어:

Openhouse

→ Open house

0.13.1.2 약어나 두문자어와 완전형으로 인한 변경(1.1.3.3도 보라).

Research in technological adaptation
→ RITA

0.13.1.3 단어의 어형변화에서 나타나는 변경. 예를 들면, 단수형과 복수형.

Fishery report
→ Fisheries report

Research studies
→ Research study

0.13.1.4 표제의 어딘가에 관사, 전치사 또는 접속사 등이 추가, 삭제 또는 변경된 경우.

Fiscal survey of the states
→ The fiscal survey of states

0.13.1.5 표제에 포함되어 있는 동일한 단체의 이름과 그 계층성 또는 문법적인 연결 요소들이 변경된 경우(예를 들면, 단체명이 추가, 삭제, 재배열되거나 약어를 포함하여 상이한 형태로 대치).

Rapport de la Société canadienne de l'Eglise catholique
→ Rapport / Société canadienne de l'Eglise catholique Views / Goodridge Area Historical Society
→ Views from the Goodridge Area Historical Society
→ Views from the GAHS

Berichte der Deutschen Gesellschaft Für Mathematik und Datenverarbeitung
→ GMD - Berichte

Society of Biblical Literature monograph series
→ Monograph series /Society of Biblical Literature

AAPG continuing education course notes series
→ American Association of Petroleum Geologists continuing education course notes series

Music Library Association technical reports
→ MLA technical reports

Boletin de la Sociedad Española para la Defensa del Patrimonio Geológico y Minero
→ Boletin S.E.D.P.G.M.

0.13.1.6 표제의 어딘가에 분리 부호가 있는 두문자어/글자와 분리 부호가 없는 두문자어/글자와 같이 구두점의 추가, 삭제 또는 변경이 있는 경우.

GBB
→ G.B.B.

0.13.1.7 표제가 둘 이상의 언어로 주정보원에 나타나 있을 때, 본표제로 선택된 표제가 대등표제로 나타나는 것과 같이 표제의 순서가 변경된 경우.

South African medical journal = Suid Afrikaanse tydskrif vir geneeskunde
→ Suid Afrikaanse tydskrif vir geneeskunde = South African medical journal

0.13.1.8 해당 표제와 권호를 연결하고 있는 그 표제 어딘가에 단어의 추가, 삭제, 변경이 있는 경우.

Tin
→ Tin in ...

0.13.1.9 연속간행물의 서로 다른 호에 두 개 이상의 본표제가 일정한 방식에 따라 사용되고 있는 경우.

Weekly labor market report
각 월의 마지막 호 표제 → Monthly labor market report

Minneapolis morning tribune
일요일호의 표제 → Minneapolis Sunday tribune
편집자주: Daily issues and Sunday issues have consecutive numbering(매일호와 일요일호는 연속 권호를 가짐)

Annual report / Medical Association of South Africa
주기에 → Reports for alternate years have title: Jaarverslag / Die Mediese Vereniging van Suid-Afrika(격년마다 보고서의 표제가 있음: Jaarverslag / Die Mediese Vereniging van Suid-Afrika)

0.13.1.10 표제에 단어를 추가 또는 삭제하거나 어순을 변경하였지만, 그 주제가 크게 바뀌지 않은 경우.

Kartboken for Oslo, Bærum, Lørenskog, Nesodden, Oppegård, Ski
→ Kartboken for Oslo, Bærum, Asker, Lørenskog, Nesodden, Oppegård, Ski

0.13.1.11 '잡지', '저널', '뉴스레터', 또는 그와 상응하는 다른 언어의 단어와 같이 자료의 유형을 나타내는 단어가 표제에 추가 또는 삭제된 경우.

Fussball – Jahrbuch
→ Fussball

Handel und Industrie
→ Revue Handel und Industrie

Magazin für Wassersport
→ Wassersport

Minnesota history bulletin
→ Minnesota history

Trade and industry
→ Trade and industry review

Biological survey of reserves
→ Biological survey of reserves series

Colección Ciencias y técnicas
→ Ciencias y técnicas

Baubetrieb, Bauökonomie, Baurecht
→ Schriftenreihe Baubetrieb, Bauökonomie, Baurecht

Relatórios de pesquisa
→ Série Relatórios de pesquisa

예외:

Link magazine
→ Link journal

편집자주: 자료유형을 나타내는 단어가 다른 단어로 변경된 경우, 표제의 처음 다섯 단어 내에서 발생되면 현저한 변경에 해당된다(0.12.1.1을 보라).

0.13.1.12 기타 애매한 경우에는 경미한 변경으로 간주한다.

0.13.2 통합자료의 경미한 변경

0.12.3.1과 0.12.3.2의 규정 이외에, 해당 통합자료에 기술된 정보가 변경되더라도 새로운 기술을 하지 않으며, 대신 새로운 정보를 반영하여 기술내용을 변경한다.

Hirnet
→ Terminál
편집자주: 웹 사이트의 본표제만 변경됨

요소의 기술세칙

1. 표제와 책임표시사항
2. 판사항
3. 자료(또는 발행유형) 특성사항
4. 발행, 배포 등 사항
5. 형태기술사항
6. 총서사항
7. 주기사항
8. 표준번호 및 입수조건사항

1. 표제와 책임표시사항

내용

1.1 본표제 (Title proper)
1.2 일반자료표시 (GMD: general material designation) (임의규정)
1.3 대등표제 (Parallel title)
1.4 표제관련정보 (Other title information)
1.5 책임표시 (Statements of responsibility)

구두법 유형

A. 일반자료표시는 각괄호([ ])로 묶으며, 각괄호 앞뒤로 빈칸을 둔다.

B. 각각의 대등표제 또는 기타 대등표시는 빈칸, 등호, 빈칸(=)을 앞세워 적는다.

C. 표제관련정보의 각 단위는 두 번째 또는 그 다음의 단위와 앞선 단위를 연결하기 위한 단어나 어구가 해당 계속자료에 제시되어 있는 경우가 아니면, 빈칸, 콜론, 빈칸(:)을 앞세워 적는다.

D. 해당 표제 다음에 오는 첫 번째 책임표시는 빈칸, 사선, 빈칸(/)

을 앞세워 적는다.

E. 다른 성격의 각 책임표시는 해당 표시가 단일 어구를 구성하는 것으로 간주되는 경우가 아니면, 빈칸, 세미콜론, 빈칸(;)을 앞세워 적는다.

F. 공통표제와 종속표제로 구성되는 표제의 경우, 각각의 종속표제 표시나 공통표제 다음에 오는 각각의 종속표제는 마침표, 빈칸(.)을 앞세워 적는다.

G. 종속표제 권호표시 다음에 오는 각각의 종속표제는 쉼표, 빈칸(,)을 앞세워 적는다.

H. 표제관련정보나 책임표시 다음에 오는 종속표제 권호표시나 종속표제는 마침표, 빈칸(.)을 앞세워 적는다.

예시

본표제 [일반자료표시]
Title proper [General material designation]

본표제 [일반자료표시] : 표제관련정보
Title proper [General material designation] : other title information

본표제 [일반자료표시] = 대등표제
Title proper [General material designation] = Parallel title

본표제 [일반자료표시] / 책임표시
Title proper [General material designation] / statement of responsibility

본표제 [일반자료표시] = 대등표제 / 책임표시
Title proper [General material designation] = Parallel title / statement of responsibility

본표제 [일반자료표시] = 대등표제 = 대등표제 / 책임표시
Title proper [General material designation] = Parallel title = Parallel title / statement of responsibility

본표제 [일반자료표시] = 대등표제 : 표제관련정보
Title proper [General material designation] = Parallel title : other title information

본표제 [일반자료표시] : 표제관련정보 : 표제관련정보 / 책임표시
Title proper [General material designation] : other title information : other title information / statement of responsibility

본표제 [일반자료표시] : 표제관련정보 = 대등표제 : 대등표제관련정보 / 책임표시
Title proper [General material designation] : other title information = Parallel title : parallel other title information / statement of responsibility

본표제 [일반자료표시] : 표제관련정보 = 대등표제관련정보
Title proper [General material designation] : other title information = parallel other title information

본표제 [일반자료표시] / 책임표시 = 대등표제 / 대등책임표시
Title proper [General material designation] / statement of responsibility = Parallel title / parallel statement of responsibility

본표제 [일반자료표시] / 책임표시사항 ; 두 번째 책임표시 ; 세 번째 책임표시
Title proper [General material designation] / statement of responsibility ; second statement of responsibility ; third statement of responsibility

본표제 [일반자료표시] / 책임표시 = 대등책임표시
Title proper [General material designation] / statement of responsibility = parallel statement of responsibility

공통표제와 종속표제로 구성된 표제의 경우(0.2와 0.3.3.1을 보라):

공통표제. 종속표제 [일반자료표시]
Common title. Dependent title [General material designation]

공통표제. 종속표제 권호표시 [일반자료표시]
Common title. Dependent title designation [General material designation]

공통표제. 종속표제 권호표시, 종속표제 [일반자료표시]
Common title. Dependent title designation, Dependent title [General material designation]

공통표제. 종속표제 [일반자료표시] = 대등공통표제. 대등종속표제
Common title. Dependent title [General material designation] = Parallel common title. Parallel dependent title

공통표제. 종속표제 [일반자료표시] / 책임표시
Common title. Dependent title [General material designation] / statement of responsibility

공통표제 : 표제관련정보. 종속표제 [일반자료표시] : 표제관련정보
Common title : other title information. Dependent title [General material designation] : other title information

공통표제 / 책임표시. 종속표제 [일반자료표시] : 표제관련정보 / 책임표시 = 대등공통표제 / 대등책임표시. 대등종속표제 : 대등표제관련정보 / 대등책임표시

Common title / statement of responsibility. Dependent title [General material designation] : other title information / statement of responsibility = Parallel common title / parallel statement of responsibility. Parallel dependent title : parallel other title information / parallel statement of responsibility

지정정보원

표제면

표제면 이외의 해당 계속자료에 나타나 있는 정보는 각괄호로 묶어 표제와 책임표시사항(제1사항)에 기재하거나 주기사항(제7사항)에 기재한다. 개개 규정(예를 들면, 1.1.4.3)을 통해 해당 계속자료에 나타나는 정보 가운데 제1사항에 기재되는 정보에 대해 제한을 가한다.

해당 계속자료의 외부로부터 발견되는 정보는 제7사항에 기재한다.

1.1 본표제

1.1.1 본표제는 기술의 첫 번째 요소가 된다. 이것은 표제면에서 책임표시, 판표시, 총서표시, 발행표시, 일자, 가격 또는 표제정보 이외의 다른 것들이 본표제의 앞에 오는 경우에도 마찬가지이다.

1.1.2 본표제는 계속자료의 표제이다.

예:	본표제
Le monde	신문
Cartactual	정기간행물
Farm & home almanac	연보
Wissenschaftliche Arbeiten aus dem Burgenland	저널
Kulturwissenschaften	하위총서
Amazon.com	통합자료
Patient teaching loose-leaf library	통합자료
A century of lawmaking for a new nation	통합자료
Webdo	통합자료

1.1.3 본표제는 다양한 형식을 취할 수 있다.

1.1.3.1 본표제는 일반적인 용어(들)로만 이루어질 수 있다.

예: Journal
Textes et documents
잡지
논문집

1.1.3.2 표제면에 개인명이나 단체명 이외의 표제가 없을 경우, 개인명 또는 단체명이 본표제로 사용될 수 있다.

예: Syndicat national des fabricants de bronzes, luminaires, vitrines et étalages, ferronnerie d'art et industries annexes

1.1.3.3 본표제는 표제면에 두드러지게 표시된 일련의 두문자어, 약어, 또는 로고로 이루어지거나 이를 포함할 수 있다.

예: IFLA journal
Collection CAP
ICSU review

표제가 완전형과 일련의 두문자어 또는 약어의 두 가지 형태로 나타나는 경우, 완전형을 본표제로 선택하고 두문자어 또는 약어는 표제관련정보로 기재한다(1.4.3을 보라).

1.1.3.4 본표제는 숫자나 글자로 이루어지거나 이를 포함할 수 있다(1.1.5.1을 보라).

예: Le 01
37 design and environment projects
21세기 문학
356일 취재수첩
Dossiers CH+6
L und E
편집자주: 표제관련정보는: Österreichisches Zentralorgan für Lebensmittel und Ernährung

확장형은 주기사항에 기재할 수도 있다(7.1.1.3을 보라).

1.1.3.5 책임표시, 발행자명 또는 다른 기술요소(예를 들면, 판표시)와 관련된 세부사항이 언어적으로 표제의 중요한 일부를 구성할 경우, 본표제는 이들을 포함할 수 있다.

예: Cinema-Ed Bureau films for the year
Poultry Research Centre report
University of California publications in classical archaeology
Wiling's press guide

Rapport de gestion de la Banque nationale suisse
월간조선
한국교육개발원연보

1.1.3.6 본표제는 공통표제와 종속표제 권호표시 및(또는) 종속표제로 이루어질 수 있다(즉, 공통표제, 부문 권호표시 및(또는) 부문 표제, 상위계속자료의 표제, 별도로 구별이 되지 않는 부록이나 삽입물의 표제; 상위총서 표제, 하위총서 권호표시 및(또는) 별도로 구별이 되지 않는 하위총서의 표제. 1.1.5.2를 보라).

예: IEE proceedings. A
Acta Universitatis Carolinae. Philologica
Geographical abstracts. C, Economic geography
Kits for tots. Bimonthly filmstrip additions
Collection Armand Colin. Section de philosophie
Art of advocacy. Structured settlements
OSHA compliance manual. Application of key OSHA topics
Attorneys' textbook of medicine. Manual of traumatic injuries
전자공학회논문지. A
電子情報通信學會論文誌. C, エレクトロニクス
교육법전. 부록 1, 훈령・예규・기타
광업・제조업통계조사보고서. 기업체편

1.1.4 본표제의 선정

1.1.4.1 표제면이 하나인 계속자료

1.1.4.1.1 표제면에 동일 언어 및 문자로 둘 이상의 이형표제 (variant title)가 있을 경우, 본표제는 표제면의 활자크기 또는 표제면에 나타나 있는 표제의 순서를 참조하여 선정한다.

1.1.4.1.2 표제들이 상이한 언어 및 문자로 되어 있을 경우, 해당 계속자료의 내용과 같은 언어 및 문자로 된 표제가 본표제가 된다. 이러한 기준이 적용될 수 없는 경우, 본표제는 표제면의 활자크기 또는 표제면에 나타나 있는 표제의 순서를 참조하여 선정한다.

1.1.4.1.3 본표제를 완전형과 완전형을 나타내는 두문자어 및 약어 중에서 선택하는 경우, 완전형을 본표제로 선정한다.

예: Lorraine, information, encadrement

편집자주: 표제는 LIEN으로도 나타나 있음

1.1.4.2 표제면이 둘 이상인 계속자료

1.1.4.2.1 각각의 언어 또는 문자로 된 표제면과 함께 다언어 또는 다문자로 된 계속자료의 경우처럼, 하나의 계속자료가 둘 이상의 표제면을 가지고 있을 경우, 본표제는 해당 계속자료 주요부분의 내용과 같은 언어 및 문자로 된 표제면에서 선정한다.

이러한 기준이 적용될 수 없을 경우(내용이 둘 이상의 언어나 문자로 균등하게 제시되어 있는 경우), 본표제는 서로 마주보고 있는 표제면 중 오른쪽 표제면에서 선정하거나 또는 오른쪽 면에 나타나는 둘 이상의 표제면 가운데 첫 번째 표제면에서 선정한다.

본문과 표제면이 둘 이상의 다른 언어 및 문자로 되어 있는 떼뜨베슈 계속자료(tête-bêche continuing resources)의 경우, 본표제의 선정은 서지기관의 재량에 따른다. 본표제로 선정되지 않은 표제는 대등표제로 기재한다(1.3.1을 보라).

떼뜨베슈 상황에 대한 설명을 주기사항(제7사항)에 기재할 수도 있다.

1.1.4.2.2 해당 계속자료가 한 개 이상의 계속자료를 포함하고 있고 그것들이 나름의 표제면과 권호를 갖는 경우, 각각마다 개별적인 기술을 작성한다. 개별적인 기술과 관련된 적합한 설명을 제7사항에 기재한다(7.2.5를 보라). 본문과 표제면이 같은 언어나 문자로 되어 있는 떼뜨베슈 계속자료의 경우에도 동일하게 적용된다.

1.1.4.3 본표제로 선정되지 않은 이형표제(대등표제 이외에는, 1.3을 보라)들이 표제면 또는 계속자료의 다른 부분에 나타나는 경우, 이를 제7사항에 기재한다(7.1.1.2를 보라).

1.1.5 전기(轉記: Transcription)

전자자료 이외의 계속자료에서 본표제를 (a) 인쇄자료의 대체표제면에서 채기하거나 (b) 비인쇄자료에서 우선정보원 이외의 정보원에서 채기하는 경우, 본표제의 정보원을 주기사항에 기재한다(7.1.1.1을 보라). 전자자료의 경우, 본표제의 정보원을 항상 주기사항에 기재한다.

1.1.5.1 본표제는 표제면에 나타나 있는 대로 어법에 따라 정확하게 옮겨 적는다. 그러나 대문자 사용법이나 구두법의 경우는 반드시 그렇지는 않다(0.4, 0.6, 0.7, 0.8도 보라).

예: The unabashed librarian

편집자주: 표제가 The U*N*A*B*A*S*H*E*D librarian으로 나타나 있음

명백한 인쇄상의 오류가 있을 경우, 본표제는 수정하여 옮겨 적고 계속자료에 나타난 표제를 그대로 주기사항에 기재한다. 단어(들)의 철자에 대한 정확성이 의심스럽더라도 나타나 있는 철자대로 옮겨 적는다.

예: Housing starts
편집자주: 표제가 v. 1, no. 10에 Housing sarts로 나타나 있음

예외: Lakeland librarian [sic]
편집자주: 표제가 Lakeland lib * arian으로 나타나 있음

개개의 호/부분 또는 반복부분이 발행될 때마다 서로 다른 일자, 명칭, 권호 등을 표제가 포함하는 경우, 이와 같은 일자, 명칭, 권호 등은 생략한다. 생략이 표제의 처음 부분에서 일어날 때를 제외하고, 생략은 생략부호로 나타낸다.

예: Report on the ... Conference on Development Objectives and Strategy

La sidérurgie française en ...

IFLA CD ...
편집자주: 디스크 레이블에 IFLA CD 2001로 나타나 있음

Frommer's Washington, D.C., on $ ... a day
편집자주: 표제면에 Frommer's Washington, D.C., on $35 a day로 나타나 있음

The annual report of Governor ...
편집자주: 표제면에 The annual report of Governor Rhodes로 나타나 있으며, governor의 명칭이 특정 Office명으로 변화됨

Tagungsbericht der Österreichischen Gesellschaft für Gefässchirurgie
편집자주: 표제면에는 2. Tagungsbericht der Österreichischen Gesellschaft für Gefässchirurgie로 나타나 있음

예외적으로 매우 긴 본표제의 경우, 표제의 의미가 변화지 않고, 필수정보가 훼손되지 않으며, 문법이 틀리지 않고서도 간략화가 가능하다면, 본표제를 간략화할 수도 있다. 본표제가 간략화 되는 경우, 생략기호를 기재한다. 그러나 본표제의 간략화에서 처음 다섯 단어의 생략은 불가능하다(처음 단어가 관사일 경우에는 처음 여섯 단어).

표제의 나머지 부분과 문법적으로 연결될 수도 있는(또는 그렇지 않을 수도 있는) 이전표제, 합병표제 등을 언급하는 어떤 표시를 본표제가 포함하고 있는 경우, 그와 같은 표시를 표제의 일부로 옮겨 적지 않는다. 이 때 생략기호는 기재하지 않으며, 다른 계속자료와의 관계는 주기에 기재한다(7.2를 보라).

예: The serpentine muse (○)
The serpentine muse, incorporating the ASH newsletter (×)
주기에 → Absorbed: The ASH newsletter

International gas report (○)
International gas report, including World gas report (×)
주기에 → Absorbed: World gas report

1.1.5.2 **공통표제와 종속표제**(0.3.3.1을 보라) (부록 A도 보라)

본표제가 공통표제와 종속표제로 구성된 계속자료의 경우,

공통표제를 먼저 기재하고 다음에 종속표제 권호표시나 종속표제 또는 두 가지 모두를 기재한다. 종속표제는 해당 공통표제에 직접 연결된다(이러한 경우, 표제관련정보나 책임표시가 반드시 삽입되어야 한다. 1.4.7과 1.5.5.13을 보라).

예: 부문(sections)의 경우:

Acta biologica. Protozoa
Études et documents. Série C
Journal of polymer sciences. Part A, General paper
大韓土木學會論文集. A, 구조공학 · 시공관리 · 원자력공학 · 철도공학 편
大韓土木學會論文集. B, 수공학 · 해안 및 항만공학 · 환경공학 편

하위부문을 갖는 부문(section with sub-sections)의 경우:

Analele Universitătii Bucureşti. Seria ştiinţe sociale. Estetică
Pubblicazioni dell'Università cattoliac del Sacro Cuore. Contributi. Serie 3ª, Varia

부록(supplements)의 경우:

Dansk periodicafortegnelse. Supplement
La lettre du maire. Textes et documents
The Baker Street journal. Christmas annual
한국교육명부. 한국교육연감별책부록
섬진강유역유량측정조사 보고서. 부록

하위총서(sub-series)의 경우:

Collection Armand Colin. Section de philosophie
Collection Points. Série Science
Studia religiosa Helvetica. Series altera

종속표제를 갖는 부록이나 삽입물을 기술하는 경우, 상위 계속자료의 표제도 주기사항(제7사항)에 기재한다(7.2.4.9를 보라).

종속표제를 갖는 하위총서를 기술하는 경우, 상위총서표제도 총서사항(제6사항)에 기재한다(6.1~6.6을 보라).

종속표제가 표제면 이외의 해당 계속자료에 나타나는 경우, 종속표제를 각괄호에 기재한다.

1.1.5.3 총서권호표시 (부록 A도 보라)

연대순 총서권호표시와 관련된 어떤 숫자 또는 기타 정보는 종속표제로 옮겨 적지 않으나, 자료특성사항(제3사항)에는 기재한다(3.1.9와 1.1.5.2를 보라).

예: 표제면에 → Nuovo archivio veneto.
Ser. 2(1891 – 1900)
Nuovo archivio veneto.
Ser. 3(1901 –)
본표제 → Nuovo archivio veneto

1.1.6 변형

기술된 계속자료에서 발생한 본표제의 변형은 주기사항(제7사항)에 기재한다(7.1.1.2를 보라).

1.1.7 변경사항

1.1.7.1 본표제

본표제의 변경은 새로운 기술작성을 필요로 할 수도 있다(0.12와 7.1.1.5.1을 보라).

연속간행물에 있어 본표제의 변경이 현저할 경우, 새로운 기술을 작성한다(0.12를 보라). 본표제의 변경이 경미한 경우, 중요하다고 간주되면 변경에 대한 주기를 작성한다(7.1.1.5.1을 보라).

통합자료의 경우에는 새로운 기술을 작성하지 않고 현존하는 기술의 본표제를 새로운 표제로 대체하며, 이전표제는 주기사항에 기재한다(7.1.1.5.2를 보라).

1.1.7.2 부문과 하위총서

계속자료의 출판과정에서 표제면의 배치상 지속적인 변경으로 인하여 부문표제가 독립표제로 되는 경우 즉, 부문표제가 공통표제보다 더 두드러지게 나타나서 결과적으로 공통표제로부터 분리될 수 있는 경우, 부문표제의 본표제가 된 바로 이 독립표제 아래에 자료를 기술한다. 이 때, 이전의 공통표제는 총서의 본표제로 총서사항(제6사항)에 기재하고, 부문권호표시가 있는 경우에는 총서의 권호로 기재한다.

예: Studia latina Upsaliensia
총서표시 → (Acta Universitatis Upsaliensis)

British journal of applied physics
총서표시 → (Journal of physics ; D)

마찬가지로, 지금까지 하위총서의 종속표제였던 것이 독립되는 경우, 하위총서 종속표제의 본표제가 된 바로 이 독립표제 아래에 하위총서를 기술한다. 이 때 상위총서표제는 제6사항에 기재하고, 하위총서 권호표시가 있는 경우에는 총서의 권호로 기재한다.

1.1.7.3 부록과 삽입물

지금까지 부록이나 삽입물의 종속표제였던 것이 독립되는 경우, 부록 및 삽입물을 본표제가 되는 독립표제 아래에 기술한다.

상위계속자료의 표제는 제7사항에 기재한다(7.2.4.8을 보라).

1.2 일반자료표시 (임의규정)

1.2.1 일반자료표시의 목적은 일반적 용어로 기술의 앞부분에서, 해당 계속자료가 속해있는 자료의 종류를 나타내 주기 위한 것이다. 이를 사용할 경우, 일반자료표시는 본표제 바로 다음에 기재하고, 서지기관에서 선택한 언어 및 문자로 기재한다.

1.2.2 인쇄형태의 계속자료의 경우, '인쇄자료'('Printed text')라는 표시나 해당 언어 및 문자의 그에 상응하는 단어를 사용할 수도 있다. 양각형태의 연속간행물의 경우, '점자자

료'('Braille text')라는 표시나 해당 언어 및 문자의 그에 상응하는 단어를 사용할 수도 있다.

1.2.3 인쇄형태 이외의 계속자료의 경우, 사용된 일반자료표시의 결정은 자료유형에 적절한 ISBD내의 지침을 따른다.

1.2.4 해당 계속자료가 주요 구성요소와 함께 동일한 일반 자료범주에 속하지 않는 종속적 구성요소를 포함하고 있는 경우(예를 들면, 녹음자료나 지도가 딸린 인쇄형태의 자료), 일반자료표시는 주요 구성요소만 언급한다.

1.2.5 해당 계속자료가 하나의 일반자료범주에 특정하게 속해있지 않고, 둘 이상의 일반자료범주에 속한 구성요소를 포함하고 있는 경우, '다중매체'('multi-media')라는 일반자료표시나 해당 언어 및 문자의 그에 상응하는 단어를 사용할 수도 있다.

1.3 대등표제

1.3.1 해당 계속자료의 표제면에 둘 이상의 언어 및 문자로 된 표제들이 있는 경우, 본표제로 선정되지 않은 표제(들)(1.1.4를 보라)는 대등표제로 옮겨 적을 수도 있다. 대등표제들이 식별을 위해 필요하거나 목록이용자들에게 중요하다고 생각될 경우에는 이를 포함시킨다.

본문이나 표제면이 두 개의 언어 및 문자로 대등하게 나타나는 떼뜨베슈 계속자료의 경우, 본표제로 선정되지 않은 표제는 대등표제로 기재한다.

1.3.2 대등표제는 본표제에 상응하는 것으로서, 본표제과 마찬가지로 다양한 여러 형식을 취할 수 있다(1.1.3을 보라).

1.3.3 전기

1.3.3.1 표제면에 대등표제가 나타나 있는 경우, 이를 어법에 따라 정확하게 옮겨 적는다. 그러나 대문자 사용법과 구두법의 경우는 반드시 그렇지는 않다. 긴 대등표제의 간략화, 일자 및 숫자 등의 생략, 그리고 명백한 인쇄상의 오류를 옮겨 적는 것에 관해서는 1.1.5의 지침에 따른다.

표제면에 둘 이상의 대등표제가 나타나 있을 경우, 이와 같은 표제들은 표제면의 활자크기 또는 표제면에 나타나 있는 표시의 순서대로 옮겨 적는다.

예: Internationale volkskundliche Bibliographie = International folklore bibliography = Bibliographie internationale des arts et traditions populaires

Art updates in video = Kunst nieuwigheden in video = Lo último del arte en video

Majaladda xeerka = Majallat al-qanun = Law quarterly review

Swiss financial year book = Schweizerisches Finanz-Jahrbuch = Annuaire financier suisse = Annuario finanziario svizzero

현대사회과학연구 = Journal of modern social science

제1사항에 기재되지 않은 대등표제는 제7사항에 기재할 수도 있다(7.1.2를 보라).

1.3.3.2 **대등공통표제와 대등종속표제.** 본표제가 공통표제와 종속표제로 구성된 계속자료의 경우, 대등공통표제와 대등종속표제를 기재한다면 공통표제와 종속표제 다음에 옮겨 적는다.

예: Godišen zbornik na Zemjodelsko－šumarskiot fakultet na Univerzitetot vo Skopje. Zemjodelstvo = Annuaire de la Faculté d'agriculture et de sylviculture de l'Université de Skopje. Agriculture

Dansk periodicafortegnelse. Supplement = The Danish national bibliography. Serials. Supplement

과학기술문헌속보 = Current index to journals in science and technology. 기계 · 금속 · 건설 · 자원 편

1.3.4 변경사항

연속간행물. 이후의 호나 부분에서 대등표제가 추가, 삭제, 또는 변경되는 경우, 목록이용자들에게 중요하다고 생각되면 그와 같은 변경에 대한 주기를 제7사항에 기재한다(7.1.3을 보라).

통합자료. 이후의 반복부분에서 대등표제가 추가, 삭제, 또는 변경되는 경우, 최신 반복부분을 반영하기 위해 기술을 변경하고, 이전의 대등표제는 목록이용자들에게 중요하다고 생각되면 제7사항에 기재한다(7.13을 보라).

1.4 표제관련정보

갱신되는 가제식자료 이외의 계속자료의 경우, 목록 이용자들에게 중요하다고 생각되지 않는다면 표제관련정보를 기술에서 생략하거나 간략화할 수도 있다. 표제관련정보를 기술에서 생략하는 경우, 표제관련정보를 주기사항에 기재할 수도 있다(7.1.2를 보라). 표제관련정보를 간략화하는 경우, 처음 다섯 단어는 어느 것이라도 생략하지 마라. 표제관련정보를 간략화하는 경우, 생략부분은 생략부호로 나타낸다.

갱신되는 가제식 자료의 경우, 식별을 위해 필요하거나 목록이용자들에게 중요하다고 생각되면 표제관련정보를 포함한다. 자료내용의 평판과 관련된 단어들만으로 구성된 표제관련정보는 나타내지 않는다.

1.4.1 표제관련정보는 본표제나 대등표제와 관련되어 나타나거나, 그에 종속되어 나타날 수 있다.

1.4.2 책임표시, 발행 및 배포에 관련된 표시, 또는 다른 기술요소(예를 들면, 판표시)와 관련된 세부 사항이 언어적으로 표제관련정보의 중요한 일부를 구성할 경우, 표제관련정보 표시는 이들을 포함할 수 있다.

예: Helvetia politica : Schriften des Forschungszentrums für Geschichte und Soziologie der Schweizerischen Politik an der Universität Bern

1.4.3 본표제가 일련의 두문자어 또는 약어로 구성되었거나 이들을 포함하고 있는 경우(1.1.3.3을 보라), 완전형을 표제면 이외의 정보원으로부터 입수할 수 있다면 이를 제7사항에 기재할 수도 있다(7.1.1.3을 보라).

예: Collection CAP
주기에 → Expanded form of title: Collection clés de l'amélioration personnelle

완전형이 본표제로 다루어지는 경우(1.1.3.3을 보라), 표제면에 나타나는 일련의 두문자어 또는 약어를 표제관련정보로 기재할 수도 있다.

예: Cahiers de l'Institut de linguistique de Louvain : CILL
Lorraine, information, encadrement : LIEN

1.4.4 본표제가 해당 계속자료의 저자명(단체명)으로만 구성되어 있고(1.1.3.2를 보라) 계속자료의 특징과 내용에 관한 추가정보가 유용한 경우, 계속자료에서 나타나는 그와 같은 추가정보는 각괄호로 묶어 표제관련정보로 기재할 수도 있다. 또한 해당 계속자료의 외부로부터 채기한 추가정보(7.1.1.4를 보라)는 주기사항에 기재할 수도 있다.

예: Société d'études de la province de Cambrai : [bulletin]

1.4.5 전기(轉記)

1.4.5.1 표제면에서 옮겨 적는 표제관련정보 표시는 해당 본표제

나 대등표제 다음에 옮겨 적는다(1.4.5.5를 보라). 필수요소들(예를 들면, 책임표시) 중 어느 하나라도 포함하면서 표제관련정보로 나타나는 모든 정보를 포함시킨다(표제관련정보로나 레코드의 다른 곳에). 식별을 위해 필요하거나 목록이용자들에게 중요하다고 생각되는 경우, 추가적인 표제관련정보를 포함한다.

1.4.5.2 표제관련정보 표시가 기재되어 있으면, 이를 어법에 따라 정확하게 옮겨 적는다. 그러나 대문자 사용법과 구두법의 경우는 반드시 그렇지는 않다. 긴 표제관련정보의 간략화, 일자 및 숫자 등의 생략, 그리고 명백한 인쇄상의 오류를 옮겨 적는 것에 관해서는 1.1.5의 지침에 따른다.

1.4.5.3 표제면에 본표제 앞에 나타나 있는 표제관련정보(예를 들면, 표제선행사항)에 관한 표시는 언어적으로 또는 다른 방식으로 가능할 경우, 본표제 다음에 옮겨 적을 수도 있다. 이것이 불가능할 경우, 표제선행사항은 제7사항에 기재할 수도 있다(7.1.2를 보라).

1.4.5.4 표제면에 표제관련정보를 구성하는 표시가 둘 이상 나타나 있을 경우, 이와 같은 표시들은 표제면의 활자크기 또는 표제면에 나타나 있는 표시들의 순서대로 옮겨 적는다.

예: Lorraine, informaiton, encadrement : LIEN : bulletin trimestriel

1.4.5.5 대등표제와 대등표제관련정보

1.4.5.5.1 표제면에 둘 이상의 언어 및 문자로 된 하나 이상의 대등표제와 표제관련정보가 나타나 있는 경우, 각각의 표

제관련정보는 언어적으로 관련된 표제 다음에 기재한다.

예: 12 millions d'immigrés : feuille de lutte des travailleurs immigrés en Europ = 12 milhões de imigrados : folha de luta dos operários imigrados na Europa

Security : information and administrative management = Sécurité : gestion de l'information et gestion administrative

1.4.5.5.2 표제면에 하나 이상의 대등표제가 나타나 있으나, 표제관련정보의 표시가 하나의 언어 및 문자로만 되어 있는 경우, 표제관련정보는 옮겨 적은 마지막 대등표제의 다음에 기재한다.

예: Brecht heute = Brecht today : Jahrbuch der Internationalen Brecht-Gesellschaft

1.4.5.5.3 대등표제는 없으나, 표제관련정보의 표시가 둘 이상의 언어 및 문자로 표제면에 나타나 있는 경우, 본표제에 사용된 언어 및 문자로 쓰여진 표시를 기재할 수도 있다. 이 기준이 적용되지 않을 경우, 표제면에 나타나는 첫 번째 표시를 기재할 수도 있다. 또한 다른 표시를 기재할 수도 있는데, 각각은 빈칸, 등호, 빈칸(=)을 앞세워 적는다.

예: L'Europe laitière : annuaire international des produits laitiers = internationales Jahrbuch der Milchprodukte = internaional directory of dairy products

Swiss cycling journal : offizielles Organ / Schweiz. Radfahrer-Bund SRB = organe officiel / Fédération cycliste suisse = organe ufficiale / Federazione ciclistica svizzera

1.4.6 표제면 이외의 곳에서 나타나는 해당 계속자료의 표제관련 정보의 표시는 식별을 위해 필요하거나 목록이용자들에게 중요하다고 생각될 경우, 각괄호로 묶어 해당하는 본표제 또는 대등표제 다음에 기재한다. 보통 그와 같은 표시는 제7사항에 기재한다(7.1.2를 보라).

1.4.7 공통표제와 종속표제

본표제가 공통표제와 종속표제로 구성된 계속자료의 경우(1.1.5.2를 보라), 본표제를 언급하고 있는 표제관련정보의 표시는 본표제 다음에 전체를 기재한다.

각각의 표제관련정보 표시들은 해당 표제 다음에 기재한다.

예: Revue de l'U.E.R. Cahier A, Technique : publication, bimestrielle

Bibliographie de la France Biblio : journal officiel du livre français paraissant tous les mercredis. 1ère partie, Bibliographie officielle : publications reçues par le Service du dépôt légal

Periodica polytechnica : contributions to international technical sciences published by the Technical University of Budapest. Transportation engineering

Publications of the Institute. Historical studies. Series Ⅲ, Renaissance Europe : texts and commentaries

1.4.8 변경사항

연속간행물. 표제관련정보가 표제와 책임표시사항에 기재되어 있고 이후의 호나 부분에서 그 정보가 변경되었을 경우, 목록이용자들에게 중요하다고 생각되면 변경에 관한 사항을 주기사항에 상세히 기재한다(7.1.3을 보라). 또 다른 방법으로, 표제관련정보가 변경되었다는 주기를 기재할 수도 있으며(7.1.3을 보라), 그러한 변경을 무시할 수도 있다.

통합자료. 표제관련정보가 표제와 책임표시사항에 기재되어 있고 이후의 반복부분에서 그 정보가 변경되었을 경우, 기술을 변경하고 목록이용자들에게 중요하다고 생각되면 변경에 관한 주기를 기재한다(7.1.3을 보라).

1.5 책임표시

1.5.1 책임표시는 해당 계속자료의 지적 내용이나 예술적 내용의 창조 또는 구현에 책임이 있거나 기여한 어떤 실체(개인이나 단체)에 대해 기재할 수 있다. 필수적으로 기재해야 하는 것은 주된 책임을 가지고 있는 개인 및 단체들의 이름을 나타내는 표시뿐이다. 다른 성격의 책임표시는 식별을 위해 필요하거나, 목록이용자들에게 중요하다고 생각되는 경우에 포함된다.

1.5.2 책임표시는 다음과 같은 실체들과 관련이 있다.

본문의 저자, 편자, 편집자, 번역자, 삽화가;

원작과 동일한 매체이든 다른 매체이든 기존 저작의 개작자;
다양한 데이터 수집가;
이상의 어떤 저작을 후원한 기관(단체) 또는 개인들.

서지기관은 연속간행물의 편자들인 인명을 책임표시로 기록하지 않을 수도 있다. 이러한 경우, 목록이용자에게 중요하다고 생각되면 편자명을 주기사항에 기재한다(7.1.4를 보라). 갱신되는 가제식 자료의 편자와 관련된 표시는 목록이용자에게 중요하다고 생각되면 책임표시로 기재한다.

예: / complied and edited by Malcolm Evans and Martin Standord

1.5.3 책임표시는 다양한 형식을 취할 수 있다.

1.5.3.1 책임표시는 개인이나 단체의 역할을 나타내는 연결어 또는 짧은 어구와 함께 또는 그러한 단어나 어구 없이 개인명이나 단체명으로 구성될 수 있다(1.5.3.6도 보라).

예: Villas, pavillons et nouveaux villages / dir. Jean-Paul Rouleau
Prace polonistyczne / Łódzkie Towarzystwo Naukowe
Health news on film / B.H.I.

1.5.3.2 이름이 없는 어구가 지적인 기여를 표현하거나 다른 방식으로 중요성을 갖는 경우, 책임표시는 그와 같은 어구로 구성될 수 있다.

예: College yearbook / complied and edited by the graduating class

1.5.3.3 명사구가 개인이나 단체의 역할을 나타내는 경우, 책임표시는 이름은 물론 명사나 명사구를 포함할 수 있다.

예: Soviet Union / text by the Central Intelligence Agency; maps by Rand McNally

다른 명사들 또는 명사구들은 대체로 표제관련정보로 취급한다(1.4.2, 1.5.3.10을 보라).

1.5.3.4 다른 기술요소(예를 들면, 원표제)에 관련된 세부사항들이 언어적으로 책임표시의 중요한 일부를 구성할 경우, 책임표시는 그와 같은 세부사항들을 포함할 수 있다.

1.5.3.5 부록 및 다른 보유자료에 관련된 표시가 표제면에 나타나 있는 경우, 책임표시는 그와 같은 표시에 관련된 표시로 구성될 수 있다(1.5.4.3을 보라).

1.5.3.6 어떤 계속자료의 후원단체로 활동하는 단체명이 표제면에 나타나 있고, 후원단체와 해당 계속자료와의 관계가 명시되어 있는 경우, 책임표시는 해당 단체명으로 구성될 수 있다(또는 적절한 단어나 짧은 어구를 부가하여 표현할 수 있다).

예: Proceedings of the... Annual Symposium on Reduction of Costs in Hand-Operated Glass Plants / presented by West Virginia University; sponsors, Consolidated Gas Supply Corporation, West Virginia University College of Engineering, West Virginia Section of the American Ceramic Society

후원단체의 이름이 발행표시의 중요한 일부를 구성하는

경우(즉, 'published for ...'와 같은 어구로 시작되는), 그 후원단체는 제4사항에 기재한다.

1.5.3.7 계속자료의 지적 내용 또는 예술적 내용에 대한 책임과 관련이 없는 표시는 책임표시로 간주하지 않는다. 모토(mottoes), 헌사(獻辭), 그리고 후원이나 수상 표시 등과 같은 표시는 생략하거나 제7사항에 기재할 수도 있다(7.1.4.1을 보라).

1.5.3.8 언어적으로 다른 기술요소의 중요한 일부가 되고 해당 기술요소에 옮겨 적은 책임 있는 실체의 이름(예를 들면, 본표제의 일부로서 다루어진 경우는 1.1.3.5를 보라. 표제관련정보의 일부로서 다루어진 경우는 1.4.2를 보라. 발행, 배포 등에 관한 표시의 일부로서 다루어진 경우는 제4사항을 보라)은 책임표시에 적합한 것으로 간주하지 않는다.

덧붙여서, 본표제가 발행기관 이름의 한 부분만을 포함하고 있고 표제면에 이름의 다른 부분이 나타나는 경우, 이름의 다른 부분을 책임표시로 기재한다.

예: Skrifter fra Nordisk institut / Odense universitet

책임표시가 표제면에는 없으나 해당 계속자료에 나타나는 경우, 각괄호로 묶어 표제와 책임표시사항(제1사항)에 옮겨 적거나 주기사항(제7사항)에 기재할 수도 있다. 계속자료의 외부로부터 채기된 책임표시는 제7사항에 기재할 수도 있다(7.1.4.1을 보라).

1.5.3.9 표제면에 나타나 있는 단체의 기능이 구체적으로 명시되

어 있지 않고, 기술대상 계속자료나 다른 어느 곳으로부터도 이를 결정할 수 없을 때에는 해당 단체명은 책임표시에 적합한 것으로 간주하지 않는다. 대신에 해당 단체명은 제7사항에 기재한다(7.1.4.1을 보라).

1.5.3.10 표제관련정보 속에 들어있는 책임표시는 표제관련정보로 기록한다(1.4.2를 보라).

예: The greenwood tree [GMD] : newsletter of the Somerset and Dorset Family History Society

1.5.4 하나 이상의 책임표시

1.5.4.1 단일 책임표시는 지정정보원에 제시된 어법이 단일표시를 나타내는 경우에 이루어진다. 둘 이상의 개인명 또는 단체명이 그와 같은 표시에 기재될 수도 있다. 예를 들면, 둘 이상의 개인 또는 단체가 동일한 기능을 수행하는 것으로 나타나 있거나 또는 비록 서로 다른 기능을 수행하더라도 그들의 이름이 접속사로 연결되어 있는 경우와 같다.

예: R.L.C.'s museum gazette / complied and edited by Richard L. Coulton with the assistance of voluntary aid

1.5.4.2 둘 이상의 책임표시사항은 어법이 복수표시를 나타내는 경우에 이루어진다. 예를 들면, 둘 이상의 개인 또는 단체가 서로 다른 기능을 수행하는 것으로 나타나 있으나 책임표시가 접속사로 연결되어 있지 않은 경우와 같다.

예: Documents de vulgarisation pratique / Centre national coopératif agricole de traitement antiparasitaire ; dir. technique, Marcel Bonnefoi

1.5.4.3 표제면에는 나타나 있지 않으나 해당 계속자료에 나타나 있는 부록 및 기타 보유자료나 딸림자료에 관련된 책임표시는 제7사항에 기재할 수도 있다(7.1.4.2를 보라, 5.4.2도 보라).

1.5.5 전기(轉記)

1.5.5.1 책임표시는 계속자료에 나타나 있는 용어로 옮겨 적는다.

1.5.5.2 표제면 및 대체표제면 이외의 정보원으로부터 채기한 책임표시는 각괄호로 묶어 제1사항에 옮겨 적거나, 제7사항에 기재할 수도 있다(7.1.4를 보라).

예: The independence : Canadian independent labour news / [Canadian Union of General Employees]

해당 계속자료의 외부로부터 채기한 책임표시는 제7사항에 기재할 수도 있다(7.1.4.1을 보라).

1.5.5.3 다수의 개인명 또는 단체명이 단일 책임표시에 표시되어 있는 경우(1.5.4.1을 보라), 옮겨 적는 이름의 수는 서지기관의 재량에 따른다. 옮겨 적는 다수의 이름들은 쉼표로 구분하거나 적합한 연결어를 사용하여 연결시킬 수도 있다. 연결어를 부기할 경우, 이들을 각괄호로 묶어 적는다. 생략은 생략부호로 나타내고, '등'('et al.') 또는 해당문자의 그에 상응하는 단어를 각괄호로 묶어 적는다.

예: Enquête de conjoncture régionale : situation économique et perspectives dans le Sud-Ouest / Centre d'expansion Bordeaux Sud-Ouest, Institut national de la statistique et des études économiques, Institut d'économie régionale du Sud-Ouest

Saarbrücker Universitätsreden / herausgegeben von der Universität des Saarlandes und der Vereinigung der Freunde der Universität des Saarlandes

Quarterly report / prepared by U.S. Department of Agriculture, Forest Service [and] Soil Conservation Service [and] U.S. Department of the Interior, National Park Service, Region 2

Studien zur Poetik und Geschichte der Literatur / herausgegeben von Hans Fromm ... [et al.]

1.5.5.4 책임표시에서 개인명 또는 단체명이 완전형이 아닌 형식, 예를 들면 약어 형태로 나타나는 경우, 완전형을 제7사항에 기재할 수도 있다(7.1.4.1을 보라).

1.5.5.5 학회 회원이나 학위 등을 나타내는 두문자어와 개인명 다음에 오는 지위표시가 언어적으로 필요하거나 개인을 식별하기 위해 또는 개인 활동의 상황을 설정하는데 있어서 필요한 경우, 두문자어 등을 옮겨 적는다.

다른 모든 경우에는 두문자어 등이 책임표시의 일부로 간주되지 않고, 생략된다.

1.5.5.6 표제면에서 본표제 앞에 오는 책임표시는 본표제과 표제관련

정보 다음에 옮겨 적는다. 다만 그것이 언어적으로 그와 같은 정보에 연결되어 있는 경우에는 예외로 한다(1.5.3.8을 보라). 해당 책임표시의 원위치는 제7사항에 기재할 수도 있다.

1.5.5.7 계층 형식으로 표현된 단체명을 포함하는 책임표시는 해당 계속자료에 기재된 형식과 순서대로 옮겨 적는다.

예: Inventaire des périodiques étrangers et des publications en série étrangères reçus en France / Bibliothèque nationale, Centre bibliographique national

Serie de culturas mesoamericanas / Universidad Nacional Autónoma de México, Instituto de Investigaciones Históricas

Biographies et conférences / Centre international de dialectologie générale pès l'Université catholique de Louvain

호남문화연구 / 전남대학교 호남문화연구소

1.5.5.8 책임표시가 관련 표제와 어떠한 언어적 관계도 없는 경우, 개인명이나 단체명은 사선 다음에 기재한다.

예: Catálogos de escritores médicos españoles / Universidad de Salamanca

1.5.5.9 책임표시와 표제간의 관계가 명확하지 않을 경우, 연결어나 짧은 어구를 각괄호로 묶어 보기할 수도 있다.

1.5.5.10 둘 이상의 책임표시가 나타나 있는 경우, 기술에서 이러한 표시의 순서는 다양한 표시에 함축되어 있는 책임의 범위나 정도를 고려하지 않고 표제면의 활자크기나 표제면에

나타나 있는 표시들의 순서대로 옮겨 적는다. 책임표시를 표제면에서 채기하지 않는 경우, 논리적인 순서를 적용할 수 있으면 그와 같은 순서에 따라 각괄호로 묶어 적어야 한다.

1.5.5.11 대등표제와 대등책임표시

1.5.5.11.1 표제면에 하나 이상의 대등표제 및 대등표제관련정보 표시가 나타나 있고, 둘 이상의 언어 및 문자로 책임표시가 나타나 있는 경우, 각각의 책임표시는 언어적으로 관련 되어 있는 표제 또는 표제관련정보 다음에 기재한다.

예: Statistical yearbook / Statistical Office of the United Nations = Annuaire statistique / Bureau de statistique des Nations Unies

본표제나 대등표제(들)에 적용되지 않는 책임표시는 제7사항에 기재할 수도 있다(7.1.4.1을 보라).

1.5.5.11.2 표제면에 하나 이상의 대등표제 및 대등표제관련정보 표시가 나타나 있으나 단 하나의 언어 및 문자로만 책임표시가 나타나 있는 경우, 책임표시는 옮겨 적은 마지막 대등표제나 대등표제관련정보 다음에 기재한다.

예: Bieler Jahrbuch = Annales biennoises / Herausgeber, Bibliotheksverein Biel

1.5.5.11.3 대등표제는 없으나 표제면에 책임표시가 둘 이상의 언어 및 문자로 나타나 있는 경우, 본표제에 사용된 언어 및 문자로 된 표시를 기재한다. 이와 같은 기준을 적용할 수 없을 경우, 표제면의 활자크기 또는 표제면에 나타나 있는 표시들의 순서대로 옮겨 적는다. 또한 다른

표시들은 각각 빈칸, 등호, 빈칸(=)을 앞세워 기재할 수도 있다.

예: Bibliographica belgica / Commission belge de bibliographie = Belgische commissie voor bibliografie

1.5.5.12 축약 책임표시

1.5.5.12.1 표제면에 단체명이 본표제, 대등표제, 또는 표제관련정보의 일부로서 축약형(불완전형)으로 나타나거나, 약어나 두문자어 세트로 나타나는 경우, 이를 완전형으로 책임표시에 반복 기재할 수도 있다. 완전형이 표제면에는 나타나지 않으나 해당 계속자료로부터 입수할 수 있는 경우, 각괄호로 묶어 이를 기재한다. 완전형이 계속자료의 외부로부터 채기된 경우, 이를 제7사항에 기재할 수도 있다(7.1.4.1을 보라).

예: ALA bulletin / American Library Association

S.B.I. - rapport / udgivet af Statens bygge - forskningsinstitut

Nouvelles du C.C.E. - B.N.P. / [Comité central d'entreprise de la Banque nationale de Paris]

1.5.5.12.2 표제면에 축약형으로만 나타난 단체명으로 본표제가 구성되는 경우, 완전형을 책임표시에 기재할 수도 있다. 완전형을 해당 계속자료로부터 입수할 수 있는 경우, 각괄호로 묶어 이를 기재한다. 완전형이 계속자료의 외부로부터 채기된 경우, 이를 제7사항에 기재할 수도 있다(7.1.4.1을 보라).

예: A.C.O.A. / [Administrative and Clerical Officers' Association]

CASH / [Consumer Association of South Humberside]

1.5.5.13 공통표제와 종속표제

본표제가 공통표제와 종속표제로 구성된 계속자료의 경우 (1.1.5.2를 보라), 본표제와 관련이 있는 책임표시는 본표제 다음에 전체를 기재한다.

각각의 책임표시는 해당 표제 다음에 기재한다.

예: Teaching geology with computer software. North America / Bureau of Education

Bulletin / Faculty of Archaeology. Supplement

Publications de la Sorbonne. Série Byzantina / Centre de recherches d'histoire et de civilisation byzantines

1.5.6 변경사항

연속간행물. 책임표시에 기록된 개인 또는 단체가 이후의 호나 부분에서 추가 또는 삭제되고 이러한 변경이 새로운 기술을 필요로 하지 않은 경우(0.13.1.5), 나중의(later) 개인명 또는 단체명은 주기사항에 기재하거나 생략한다(7.1.4를 보라). 개인명 또는 단체명의 표현방식에서만 변경이 일어나는 경우, 이 변경이 목록이용자에게 중요하다고 생각되면 주기를 한다.

일반표제와 관련된 책임표시의 이름(예: 단체명)에서 발생되는 현저한 변경은 새로운 기술을 필요로 한다(0.12.2.1을 보라).

통합자료. 책임표시로 기록된 개인 또는 단체가 이후의 반복부분에서 변경되는 경우, 최신 반복부분을 반영하기 위해 기술을 변경하고 이전의 개인명 또는 단체명은 주기사항에 기재한다(7.1.4.4를 보라).

2. 판사항

내용

2.1 판표시 (Edition statement)
2.2 대등판표시 (Parallel edition statement) (임의규정)
2.3 특정판에 관련된 책임표시 (Statements of responsibility relating to the edition)
2.4 부차적 판표시 (Additional edition statement)
2.5 부차적 판표시에 따른 책임표시 (Statements of responsibility following an additional edition statement)

구두법 유형

A. 판사항은 마침표, 빈칸, 붙임표, 빈칸(. —)을 앞세워 적는다.
B. 각 대등판표시는 빈칸, 등호, 빈칸(=)을 앞세워 적는다.
C. 특정 판에 관련된(또는 부차적판표시 다음에 오는) 첫 번째 책임표시는 빈칸, 사선, 빈칸(/)을 앞세워 적는다.
D. 특정 판에 관련된(또는 부차적판표시 다음에 오는) 첫 번째 이후의 각각의 책임표시는 빈칸, 세미콜론, 빈칸(;)을 앞세워 적는다.
E. 판표시 또는 특정 판에 관련된 책임표시 다음에 오는 부차적 판표시는 쉼표, 빈칸(,)을 앞세워 적는다.

예시

. — 판표시
. — Edition statement

. — 판표시 = 대등판표시
. — Edition statement = parallel edition statement

. — 판표시 / 책임표시
. — Edition statement / statement of responsibility

. — 표시 / 책임표시 ; 두 번째 책임표시 ; 세 번째 책임표시
. — Edition statement / statement of responsibility ; second statement of responsibility ; third statement of responsibility

. — 판표시 / 책임표시 = 대등판표시 / 대등책임표시
. — Edition statement / statement of responsibility = parallel edition statement / parallel statement of responsibility

. — 판표시, 부차적 판표시
. — Edition statement, additional edition statement

. — 판표시 / 책임표시, 부차적 판표시 / 책임표시
. — Edition statement / statement of responsibility, additional edition statement / statement of responsibility

지정정보원

표제면, 기타 권두지면, 그리고 판권기

2.1 판표시

2.1.1 판표시는 다음과 관련된 용어, 어구 또는 문자군으로 이루어진다.

A. 명명되거나 번호가 부여된 판을 구성하는 것으로 계속자료에서 공식적으로 식별되는 해당 계속자료의 모든 복본.

또는

B. 동일한 표현형식으로 된 다른 복본들과 지적 또는 예술적 내용상의 상당한 차이가 있는 특정한 표현형식으로 된 어떤 계속자료의 모든 복본으로, 해당 계속자료에 이런 결과에 대한 어떤 공식적인 표시가 나타나 있는지의 여부는 관계가 없다.

판표시는 일반적으로 '판(edition)'(또는 해당 언어의 그에 상응하는 단어)이라는 단어 또는 서수와 함께 사용되는 관련 용어('2판'('2nd edition') 등)를 포함하거나, 또는 다른 판과의 차이를 나타내는 용어('신판'('new edition'), '표준판'('standard edition') 등)를 포함한다.

또한 어떤 표시가 판표시인지 결정할 때에는 발행국의 발행형태를 고려해야 한다(예를 들면, 어떤 나라에서는 'edition' 표시가 인쇄정보를 나타낼 수도 있다).

2.1.2 판표시는 해당 계속자료에 나타나는 용어로 옮겨 적는다. 판표시가 지정 정보원에 나타나 있지 않을 경우, 각괄호로 묶어 적는다. 표준약어를 사용할 수도 있다. 다른 숫자 또

는 철자로 표시된 숫자들은 아라비아 숫자로 대체한다. 판표시에 부가된 설명어구는 해당 판의 식별을 위해 필요하다고 생각될 경우 기재한다(2.3.3을 보라).

해당 판표시의 전체 또는 대부분이 어떤 설비로도 복제될 수 없는 부호나 그 밖의 다른 것으로 이루어진 경우(0.11을 보라), 이러한 문자는 적절한 단어나 숫자로 대체하고 각괄호로 묶어 적는다. 이에 대한 설명을 제7사항에 기재할 수도 있다(7.2를 보라).

2.1.3 계속자료에 판표시가 나타나지 않을 경우, 적절한 판표시 즉, 해당 계속자료로부터 채기할 수 있는 내용을 각괄호로 묶어 부기할 수 있다. 그러한 표시는 일반자료유형 및 특정자료유형을 나타내서는 안된다(2.1.5.2를 보라). 부기된 판표시는 표제면에 사용된 언어나 2.1.2의 규정에 따라 기재한다.

예: . — [ED. de Grenoble]

2.1.4 다음과 같은 표시 유형들은 판표시로 옮겨 적는다.

2.1.4.1 대체로 명명되거나 번호가 부여된 판, 재판, 개정판을 나타내는 표시.

예: . — Joint ed.
. — 2nd ed.
. — Reprint ed
. — Annual cum. ed.

연속간행물의 경우, 권호사항이나 표시 또는 연대적 범위(예를 들면, 1st ed., 1916 ed.)를 나타내는 표시는 제3사항에 기재한다.

2.1.4.2 지방판의 표시

예: . — Northern ed.
. — Overseas ed.
. — Московский вечерний вып
. — 대구판

2.1.4.3 특정 집단의 판표시

예: . — Ed. pour le médecin
. — Managers' ed.
. — 초등학생용판

2.1.4.4 특정 형식 또는 물리적 외양 표시

예: . — Airmail ed.
. — Braille ed.
. — Large print ed.
. — Library ed.
. — Microform ed.
. — Student software ed.
. — 축쇄판
. — 대활자판

2.1.4.5 사용 언어표시

예: . — English ed.
. — Ed. française
. — 한글판

2.1.4.6 계속자료에 포함된 삽입물 또는 부록을 나타내는 표시

예: . — Ausg. mit Supplementen
. — [With supplements] in four languages

2.1.5 다음과 같은 표시 유형들은 판표시로 옮겨 적지 않는다.

2.1.5.1 권호나 연대적 범위를 나타내는 표시. 이와 같은 표시는 제3사항에 포함시킨다(3.1.1을 보라).

2.1.5.2 표제면에 나타나지 않은 일반자료유형 및 특정자료유형을 나타내는 표시. 자료유형표시는 제1사항의 일반자료표시나 제5사항의 특정자료표시로 기재한다(1.2와 5.1을 보라).

2.1.5.3 정기적인 개정이나 빈번한 갱신을 나타내는 표시(예를 들면, Rev. ed. issued every 6 months: 6개월마다 발행되는 개정판). 이와 같은 표시들은 판표시보다는 간행빈도 표시로 다루어지며, 주기사항에 기재한다(7.0, 7.2.1을 보라).

2.1.6 변경된 사항

연속간행물. 이후의 호나 부분에서 판표시가 추가, 삭제, 변경되었을 경우, 이러한 추가, 삭제, 변경이 새로운 기술을 필요로 하는 현저한 변경(0.12를 보라)이 아니면서 목록 이용자에게 중요하다고 생각되면(7.2.2.1을 보라), 이와 같은 변경에 대한 주기를 제7사항에 기재한다.

통합자료. 판에 현저한 변경이 발생하였을 경우, 새로운

기술을 작성한다(0.12.3.1을 보라). 경미한 변경이 발생할 경우에는 기술을 변경시키고 목록이용자에게 중요하다고 생각되면, 변경에 대한 주기를 제7사항에 기재한다(7.2.2.2를 보라).

2.2 대등판표시 (임의규정)

둘 이상의 언어 및 문자로 된 판표시가 해당 계속자료에 나타나 있는 경우, 본표제에 사용된 언어 및 문자로 되어 있는 판표시를 기재한다. 이 기준을 적용할 수 없을 경우 표제면에 활자크기가 두드러지거나 가장 먼저 나타나 있는 판표시를 기재한다. 대등판표시를 기재할 수도 있다.

예: . — Canadian ed. = Ed. canadienne

2.3 특정 판에 관련된 책임표시

2.3.1 특정 판에 관련된 책임표시는 개인이나 단체를 나타낼 수 있으며, 신판의 개정자와 같은 기능을 나타내거나, 신판에 있는 부록, 부속자료 등의 제공에 책임이 있는 개인명이나 단체명을 나타낼 수 있다.

2.3.2 특정 판에 관련된 책임표시가 해당 계속자료의 표제면에 나타나 있는 경우, 1.5의 규정에 따라 판사항에 기재한다. 그와 같은 표시가 계속자료내의 다른 곳에서 나타날 경우, 각괄호로 묶어 제2사항에 기재하거나, 제7사항에 기재할 수도 있다. 계속자료의 외부로부터 채기된 책임표시에 대한 주기는 제7사항에 기재할 수도 있다(7.2.1을 보라).

2.3.3 특정 판에 관련된 책임표시(2.3.2에 기술된 것과 같이)는 판표시의 일부로 기재한다(2.1.1을 보라). 다만 개인명이나 단체명이 없거나 개인이나 단체를 확인할 수 없는 경우는 예외로 한다. 그와 같은 표시는 설명어구로 나타나는 경우가 많다.

2.3.4 특정 판에 관련된 대등책임표시는 빈칸, 등호, 빈칸을 앞세워 기재할 수도 있다.

2.4 부차적 판표시

2.4.1 부차적 판표시는 다음과 같은 경우에 기재한다.

A. 해당 계속자료가 어떤 판 내의 어느 한판에 속하거나 처음 이름 붙여진 판과 동등한 판에 속한다는 사실을 확인해주는 공식적인 표시를 가지고 있는 경우.

또는

B. 해당 계속자료가 그것이 속하는 상위판(larger edition)의 다른 쇄와 내용면에서 상당한 차이를 가지고 있는 경우.

예: . — English ed., 2nd ed.

2.4.2 부차적 판표시는 2.1.2와 2.1.3의 규정에 따라 옮겨 적는다.

2.4.3 변화가 없는 쇄에 명명된 부차적 판표시를 기재할 수도 있다.

2.4.4 대등 부차적 판표시는 빈칸, 등호, 빈칸을 앞세워 기재할 수도 있다.

2.5 부차적 판표시에 따른 책임표시

2.5.1 부차적 판표시에 따른 책임표시는 2.3의 규정에 따라 옮겨 적는다.

2.5.2 부차적 판표시에 따른 대등책임표시는 빈칸, 등호, 빈칸을 앞세워 기재할 수도 있다.

3. 자료(또는 발행유형) 특성사항

서주(序註)

이 사항은 특별한 자료유형 또는 발행유형에 대한 특이한 데이터를 포함한다. 계속자료의 경우 이 사항은 ISBD(CM)에 포함된 자료들의 수치데이터, ISBD(PM)에 포함된 자료들의 특수음악형식, ISBD(ER)에 포함된 전자자료의 기본적인 자료특성 등을 기술하는 것은 물론, 연표(chronology)나 일람표(enumeration)를 기술하는데 사용된다.

해당 계속자료가 제3사항에 기술되는 자료 및 발행유형이 결합되어 있는 경우(예를 들면, 전자연속간행물), 제3사항은 반복가능하다.

자료특성사항(제3사항)이 반복 사용되는 경우, 계속자료의 주제내용과 관련된 제3사항(예를 들면, 지도자료의 축척정보)을 첫 번째로 기재하고, 연속간행물의 제3사항(권호정보)을 마지막에 기재한다. 둘 사이에 제3사항의 다른 유형(예를 들면, 전자자료의 자료유형)을 삽입한다.

예: . — Scale 1:650,000 (W94°3′— W88°49′/N33°1′— N28°55′). — 1981 -

. — Score and parts. — No. 1 -

. — Electronic text data. — Vol. 3, no. 4 (Apr. 1996) -

. — Scales differ. — Electronic map data. — No. 1 -
. — 축척 1:650,000 (W94°3′—W88°49′/N33°1′—N28°55′).
— 1981 -
. — 총보와 파트보. — 제1호 -
. — 전자 텍스트 데이터. — 제3권 제4호 (1996년 4월) -
. — 축척다양. — 전자 지도 데이터. — 제1호 -

내용

3.1 권호표시 (Numbering)
3.2 특수음악형식 (인쇄악보, Special music format)
3.3 수치데이터 (지도자료, Mathematical data)
3.4 자료의 유형과 크기 (전자자료, Type and extent of resource)

구두법 유형

이 사항의 각각에는 마침표, 빈칸, 붙임표, 빈칸(. —)을 앞세워 적는다.

3.1 권호표시[12)]

서주(序註)

권호사항은 표제와 책임표시사항(제1사항)의 본표제를 특정화하고 있는 창간호나 종간호의 권호와 일자들로 구성된다. 통합자료의 경우, 대체로 이와 같은 정보를 적용할 수 없다.

12) 제3사항에 기재되는 권호 및 일자는 특정 장서의 로컬소장내용으로 기록된 권호 및 일자와 혼란을 일으키지는 않으며, 한 장서에서 다른 장서로 변경할 수 있다. ISBD(CR)에는 로컬소장내용의 기록을 위해 어떠한 규정도 없으며, 다만 주기에서 제공할 수 있다.

자료특성사항(제3사항)에 기재된 일자는 발행, 배포 등 사항(제4사항)에 기재된 발행일과 일치할 수도 있고 그렇지 않을 수도 있다.

중간호(intermediate issue or part)로부터 기술을 작성하는 경우, 다른 정보원에서 창간호나 종간호에 대한 권호사항이 발견되면 각괄호로 묶어 제3사항에 기재할 수도 있다. 창간호나 종간호의 권호사항에 대한 이와 같은 정보원이 없는 경우, 창간호나 종간호에 대한 모든 정보를 주기사항(제7사항)에 기재할 수도 있다(7.3.2를 보라). 창간호와 종간호 모두에 대한 정보를 얻을 수 없는 경우, 이 사항을 생략한다. 이 사항에 대한 기술이 창간호나 종간호를 기초로 하지 않은 경우, 호나 부분에 대한 정보를 제7사항에 기재한다(7.10.1을 보라).

창간호나 종간호와 관련된 것 이외의 권호데이터는 제7사항에 기재할 수도 있다(7.3.1과 7.3.4를 보라).

권호표시를 위한 구두법 유형

A. 해당 연속간행물의 창간호 권호와 일자 뒤에 나오는 하이픈(−)은 이 권호를 연속간행물의 종간호 권호와 일자에 연결시키거나, 해당 연속간행물이 계속 간행되고 있음을 나타낸다. 종간호의 권호와 일자만을 기재하는 경우, 하이픈을 권호와 일자에 앞세워 적는다.13)

13) 제3사항에서 창간호나 종간호의 권호 또는 연대표시에 하이픈이 포함되어 있을 경우, 연속간행물이 계속 간행되고 있음을 나타내거나 창간호와 종간호의 권호 또는 연대표시를 연결하는 하이픈 대신에 앞뒤 모두 빈칸없이 이중하이픈(--)으로 대신할 수 있다.

B. 호의 권호와 일자가 있을 경우, 권호가 일자의 일부분이 아니라면 권호 다음에 괄호로 묶어 일자를 기재한다(3.1.3을 보라).

C. 처음의 것과 동일한 호에 사용되는 두 번째 이하의 각각의 권호체계는 빈칸, 등호, 빈칸을 앞세워 적는다(=).

D. 새로운 차수 표시가 포함되지 않은 새로운 권호차의 창간호 권호는 빈칸, 세미콜론, 빈칸을 앞세워 적는다(;).

E. 새로운 권호차 표시는 빈칸, 세미콜론, 빈칸을 앞세워 적고(;), 그 권호는 쉼표, 빈칸을 앞세워 적는다(,).

예시

창간호 일자 – 종간호 일자
Date of the first issue or part – date of the last issue or part

창간호 일자 –
Date of the first issue or part –

창간호 권호 – 종간호 권호
Number of the first issue or part – number of the last issue or part

창간호 권호 –
Number of the first issue or part –

창간호 권호(창간호 일자) – 종간호 권호(종간호 일자)
Number of the first issue or part(date of first issue or part) – number of the last issue or part(date of last issue or part)

창간호 권호(창간호 일자) –
Number of the first issue or part(date of the first issue or part) –

－종간호 권호(종간호 일자)
－number of the last issue or part(date of the last issue or part)

창간호 권호－종간호 권호 ＝ 다른 창간호 권호－다른 종간호 권호
Number of first issue or part－number of the last issue or part ＝ other number of the first issue or part－other number of the last issue or part

창간호 권호－종간호 권호 ; 새로운 권호차를 이용하는 창간호 권호－그것의 종간호 권호
Number of the first issue or part－number of the last issue or part ; number of the first issue or part using a new sequence of numbering－number of its last issue or part

창간호 권호－종간호 권호 ; 새로운 차수표시(있을 경우), 새로운 차수의 창간호 권호－새로운 차수의 종간호 권호
Number of the first issue or part－number of the last issue or part ; statement of the new sequence (if any), number of its first issue or part－number of its last issue or part

지정정보원

계속자료 전체, 국가서지

3.1.1 전기(轉記)

3.1.1.1 권호데이터는 다른 숫자 또는 철자로 표시된 숫자들을 아라비아 숫자로 대체하는 것을 제외하고는 해당 호에 기재된 형식과 순서대로 옮겨 적는다. 권호데이터는 해당 호의

표시 또는 그에 상응하는 표준약어로 기재된다. 표준약어는 단어 대신에 사용된다.

예: . — Bd. 1 -
. — Vol. 1 -
. — Pt. 1 -
. — 15 Jan. 1970 -
. — 1916 ed. -
. — 제1권 -
. — 2^{e} trim. 1973 -
. — 1969 -
. — 1. köt. -
. — 1974 febr. -
. — 제1호 -
. — 제1부 -

불완전하거나, 부정확하거나 잘못 쓰여진 데이터는 누락된 요소들을 삽입하거나 정확한 형태로 완성 · 수정하여 각괄호로 묶어준다(0.10도 보라).

예: . — [19]76 -
. — Vol. 1 ([19]83) -
. — 1986 [ie. 1968] -
. — Vol. 20 [i.e. 21] (1846) -

3.1.1.2 신력(gregorian calendar)이 아닌 일자는 지정정보원에서 기재된 대로 기술한다. 계속자료에 신력이 나타나 있지 않은 경우, 신력에서 이에 상응하는 일자를 괄호로 묶어 부기한다.

예: . — 1353 [1979] -
. — N° 1 (22haha 85 E.P. [27 oct. 1957]) -
. — N° 1 (3 niv. an 6 [23 dec. 1797]) -

3.1.2 연속간행물의 호나 부분이 권호나 일자로 나타나 있을 경우, 창간호의 권호나 일자를 기술한다.

예: . — Vol. 1 -
. — Bd. 1 -
. — 1925 -
. — 1936 -

3.1.3 연속간행물의 호나 부분이 권호와 일자로 나타나 있을 경우, 창간호에 나타난 두개의 요소 모두를 기술한다. 이때 권호를 일자보다 앞세워 적는다.

예: . — Vol. 1, no. 1 (Jan. 1971) -
. — Vol. 1 (1960) -
. — 제1권 제1호 (1971년 1월) -

그러나 권호가 일자의 일부분인 경우, 대체로 권호를 일자의 뒤에 적는다.

예: . — 1971, no. 1(Jan. 1971) -
. — 1967, no. 1 -
. — [19]85, 1 -
편집자주: 권호사항이 1-85로 나타나 있음

3.1.4 해당 연속간행물이 한 개 이상의 연속간행물로 계속 유지되는 경우(7.2를 보라), 기재된 권호와 일자는 새로운 본표제를 갖는 창간호이다.

예: . — Bd. 5 (1957/63) -
. — 6 (1963) -

3.1.5 해당 호에 둘 이상의 언어 및 문자로 권호표시가 나타나

있는 경우, 본표제에 사용된 언어 및 문자로 쓰여진 표시를 기재한다. 이러한 기준이 적용될 수 없는 경우, 첫 번째 나온 표시는 제3사항에 기재한다. 대등표시는 빈칸, 등호, 빈칸을 앞세워 적을 수도 있다.

예: . — Vol. 20 -
. — Vol. 20 - = T. 20 - = Bd. 20 -

3.1.6 해당 호에 단일 권호체계가 서로 다른 역법으로 둘 이상의 권호사항과 일자를 포함하는 경우, 모든 권호와 권호표시는 제3사항에 기재한다.

예: . — Bd. 1, Nr. 1 (Frühling 1970) - = Nr. 1 -
. — Vol. 6, no. 2 = Vol. 13, no. 3(Mar. 1969) -
편집자주: 각각의 호는 두 개의 선행표제의 권호를 유지함
. — 1976. broj 1 (1 siecanj = 1 jan.) -
. — N° 1 (13sept. 1797 = 27 fruct. an 7) -

3.1.7 발행이 중단된 연속간행물을 기술하는 경우, 종간호의 권호와 일자는 창간호의 권호와 일자 다음에 기재한다. 창간호의 권호와 일자를 알지 못하는 경우, 종간호의 권호나 일자만을 기재한다.

예: . — Vol. 1, no. 1 (Jan. 1971) - vol. 5, no. 12 (Dec. 1975)
. — Bd. 1 - Bd. 70
. — 1936 - 1965
. — 1971, no. 1 (Jan. 1971) - 1975, no. 12 (Dec. 1975)
. — [19]85, 1 - [19]93, 3
. — Bd. 1, Nr. 1 (Fruhling 1970) - Bd. 6, Nr. 3 (Winter

1975) = Nr. 1 - Nr. 24

. — -årg. 38, n:r4 (26. mars 1892)

. — N° 188 (22 oct. 1796 = 1er brum. an 5) - n° 500 (4 sept. 1797 - 18 fruct. an 5)

. — N° 1 (15 clinamen 77 E.P. [6 avr. 1950]) - n° 28 (1er absolu 85 E.P. [8 sept. 1957])

. — Vol. 1, pt. 1 (Dec. 1989)

편집자주: 창간호만 발행됨

3.1.8 연속간행물이 새로운 권호차를 사용하지만, 본표제가 변경되지 않은 경우, 이전 차수의 권호를 기재한 다음 새로운 차수의 권호를 적는다. 일반적으로 연속간행물은 새로운 연속간행물이 아니지만 새로운 권호차를 의도적으로 나타내기 위해 'new series', 'second series' 등과 같은 표시를 하고 있다. 새로운 차수표시가 있다면, 그 권호보다 앞에 적는다.

예: . — Bd. 1 (1962) - Bd. 6 (1967) ; n.F., Bd. 1 (1968) -

. — Vol. 1, no. 1 (Jan. 1941) - vol. 4, no. 5 (May 1950) ; n.s., vol. 1, no. 1 (June 1950) - vol. 2, no. 12 (May 1952)

. — Vol. 1, no. 1 (Mar. 1950)-vol. 4, no. 5 (Aug. 1954) ; Dec, 1954 -

. — Vol. 1 (1921) - vol. 19 (1939) ; n.s., vol. 1 (1946) - vol. 30 (1975) ; vol. 50 (1976) -

. — Vol. 1, no. 1 (Nov. 23, 1936) - vol. 73, no. 25 (Dec. 29, 1972) ; vol. 1, no. 1 (Oct. 1978) -

. — 31 Mar. 1961 - 26 Sept. 1969 ; year 1, no. 1 (Oct. 1969) -

. — t. 12, 40/41 (jan. - juil. 1962) - t. 27, 103 (dec. 1977) ; nuova serie, 1 - 2 (sett. 1978) -

. — 1 - v. 101 ; new ser., v. 1 -

3.1.9 종속표제를 갖는 하위총서나 부록/삽입물(1.1.5.2를 보라)을 기술하는 경우, 하위총서의 권호나 부록/삽입물의 권호는 자료특성사항(제3사항)에 기재하고, 상위총서의 권호는 총서사항(제6사항)에 기재한다. 이것을 적용하지 않는 다면, 상위총서나 상위계속자료와 관련된 권호의 주기사항을 제7사항에 기재한다(7.3.3과 7.6.3을 보라).

예: . — Dunántúli tudományos. gyüjtemény Series geographica
편집자주: 제3사항에: . — 31. sz.
제6사항에: . — (Dunántúli todományos gyüjtemény; 58 sz.)

3.1.10 영인본이나 다른 사진복제물을 기술하는 경우, 자료특성사항(제3사항)의 요소들은 원본 연속간행물의 권호나 일자이다.

3.1.11 창간호에 대한 표시가 없는 경우

연속간행물의 창간호에 대한 권호표시가 없으나, 이후의 호에서 표시방식이 정의되어 있는 경우, 그러한 방식에 기초하여 창간호의 권호를 보기한다. 이후 호들에 대한 권호표시 정보가 없는 경우, '[No. 1]－'(또는 본표제의 언어에서 이에 상응하는 표시) 또는 창간호에 대한 연대표시를 적절하게 기재한다.

예: . — [Pt. 1] -
편집자주: 이후 호들에서 Part 2, Part 3 등으로 권호가 매겨짐

. — [No. 1] -

. — [1968] -

편집자주: An annual report for which chronological designation is more appropriate

3.2 특수음악형식 (인쇄악보)

3.2.1 인쇄악보의 특성표시는 한 저작의 특수한 음악형식을 동일 저작의 다른 형식과 구별하여 나타낸다.

3.2.2 특수음악형식은 ISBD(PM)의 자료특성사항(제3사항)의 지침에 따라 기술한다.

3.3 수치데이터 (지도자료)

3.3.1 수치데이터 사항은 지도저작의 축척, 입면도(projection), 좌표(coordinates), 분점(equinox)에 대한 정보를 기재한다.

3.3.2 수치데이터는 ISBD(CM)의 자료특성사항(제3사항)의 지침에 따라 기술한다.

3.4 자료의 유형과 크기 (전자자료)

3.4.1 자료의 유형과 크기사항은 전자자료의 기본적 자료특성을 기술한다. 이들 특성에는 (a)자료의 유형표시, (b)자료의 크기에 대한 정보가 포함된다. 이 사항은 원격접근이 가능한

전자자료에 필수적이며, 로컬접근이 가능한 전자자료에 기재할 수도 있다.

3.4.2 자료의 유형과 크기는 ISBD(ER)의 자료특성사항(제3사항)의 지침에 따라 기술한다.

4. 발행, 배포 등 사항

서주(序註)

이 사항에는 계속자료의 물리적 제작과 배포에 (상업적)책임을 갖는 모든 개인이나 단체가 포함될 수 있다.

내용

4.1 발행지 및 배포지 (Place of publication and/or distribution)
4.2 발행처명 및 배포처명 (Name of publisher and/or distributor)
4.3 배포처 기능표시 (Statement of function of distributor)
4.4 발행일 및 배포일 (Date of publication and/or distribution)
4.5 인쇄지 또는 제작지 (Place of printing or manufacture)
4.6 인쇄처명 또는 제작처명 (Name of printer or manufacturer)
4.7 인쇄일 또는 제작일 (Date of printing or manufacture)

구두법 유형

A. 발행, 배포 등 사항은 마침표, 빈칸, 붙임표, 빈칸(. —)을 앞세워 적는다.

B. 두 번째 이하의 발행지 또는 배포지는 빈칸, 세미콜론, 빈칸(;)을 앞세워 적는다.

C. 발행처명과 배포처명은 빈칸, 콜론, 빈칸(:)을 앞세워 적는다.

D. 대등정보는 빈칸, 등호, 빈칸(=)을 앞세워 적는다.

E. 보기된 배포처 기능 표시는 각괄호([ ])로 묶어 적는다.

F. 발행일 또는 배포일은 쉼표, 빈칸 (,)을 앞세워 적는다.

G. 계속자료의 창간호나 첫 반복부분의 발행일 뒤에 나오는 하이픈(−)은 이 일자를 종간호나 최종 반복부분의 발행일과 연결시키거나, 해당 자료가 계속 간행되고 있음을 나타낸다.

H. 인쇄지 또는 제작지, 인쇄처명 또는 제작처명 그리고 인쇄일 또는 제작일은 한 쌍의 원괄호로 묶어 적는다. 원괄호 안에는 B, C, F에서 사용한 것과 동일한 구두점을 사용한다.

예시

. — 발행지 : 발행처명, 발행일

. — place of publication : name of publisher, date

. — 발행지 ; 발행지 : 발행처명, 발행일(인쇄지 : 인쇄처명, 인쇄일)

. — place of publication ; place of publication : name of publisher, date (place of printing : name of printer, date)

. — 발행지 : 발행처명 ; 발행지 : 발행처명, 발행일

. — place of publication : name of publisher ; place of publication : name of publisher, date

. — 발행지 = 대등발행지표시 : 발행처명, 발행일

. — place of publication = parallel statement of place of publication : name of publisher, date

. — 발행지 : 발행처명 = 대등발행지표시 : 대등발행처명표시, 발행일

. — place of publication : name of publisher = parallel

statement of place of publication : parallel statement of name of publisher, date

. — 배포지 : 배포지(기능)명, 배포일 (제작지 : 제작처명, 제작일)

. — place of distribution : name of distributor[function], date (place of manufacture : name of manufacturer, date)

. — 발행지 : 발행처명, 발행일 (인쇄지 : 인쇄처명)

. — place of publication : name of publication, date (place of printing : name of printer)

지정정보원

모든 정보원

4.0 발행표시는 해당 계속자료의 발행에 대한 표시이다. 영인본이나 기타 사진본, 마이크로본, 디지털 복제본 등을 기술하는 경우, 복제발행표시는 제4사항에 기재한다. 원본의 발행표시는 제7사항에 기재한다(7.2.4.2를 보라).

통합자료의 경우, 첫 반복부분이나 최종 반복부분의 발행일은 제4사항에 기재하고 기타 일자들은 제7사항에 기재한다(7.4.2.2를 보라).

4.1 발행지 및 배포지

4.1.1 발행지 및 배포지는 계속자료에서 발행처명(또는 둘 이상의 발행처명이 나타나 있는 경우 주된 발행처)이나 배포처명과 관련된 도시명이나 그 밖의 지역명이다. 발행처명이

나 배포처명이 나타나 있지 않을 경우, 해당 계속자료가 발행되거나 배포된 지역을 기재한다.

4.1.2 계속자료에 나타나 있는 정보가 부정확한 것으로 알려진 경우, 정정한 것을 각괄호로 묶어 보기하거나(0.10을 보라) 또는 제7사항에 기재할 수도 있다.

4.1.3 둘 이상의 지역이 하나의 발행처명이나 배포처명에 관련되어 있는 경우, 활자크기가 두드러진 지역을 기재하거나, 활자크기가 구별되지 않을 경우에는 첫 번째 나타나는 지역을 기재한다. 활자크기가 구별되지 않고 지역이 순서대로 나타나 있지 않을 경우, 목록 이용자에게 가장 중요하다고 생각되는 지역을 기재한다.

4.1.4 두 번째 이하의 발행지나 배포지를 기재할 수도 있다.

4.1.5 두 번째 이하의 발행지나 배포지가 생략되는 경우, 그 생략부분은 '등'('etc.')이나 해당 문자의 그에 상응하는 단어를 각괄호로 묶어 나타낼 수도 있다.

예: . — Lausanne [etc.] : Payot

4.1.6 둘 이상의 발행처명이 나타나 있는 경우, 각 발행처에 대한 발행지를 해당 발행처 바로 앞에 기재한다. 다만 그와 같은 발행지가 첫 번째 발행처의 발행지와 동일한 경우에는 예외로 한다.

4.1.7 발행처와 배포처가 둘 모두 나타나 있는 경우, 배포지가 발행지와 다르면 배포지를 기재한다.

4.1.8 발행지 및 배포지는 해당 계속자료에 나타나 있는 정서법과 문법대로 기재한다.

예: . — V Praze

4.1.9 식별을 위해 필요하다고 생각될 경우, 국명, 주명 등과 같은 한정어를 발행지나 배포지에 부기한다. 이러한 한정어를 지정정보원에서 옮겨 적을 경우에는 원괄호로 묶어 적고, 또 다른 정보원에서 옮겨 적을 경우에는 각괄호로 묶어 적는다.

예: . — London (Ontario)
. — Cambridge [England]
. — Cambridge (Mass.)
. — Santiago [Chile]

식별을 위해 필요하다고 생각될 경우, 발행처나 배포처에 대한 완전한 주소를 발행지명이나 배포지명에 부기하며, 원괄호로 묶어 적는다.

예: . — Paris (66, avenue de Versailles, 75016)

4.1.10 식별을 위해 필요하다고 생각될 경우, 발행지나 배포지의 또 다른 이름이나 수정된 이름을 각괄호로 묶어 보기한다 (0.10을 보라).

예: . — Christiania [i.e. Oslo]

4.1.11 발행지명이나 배포지명이 둘 이상의 언어 및 문자로 계속자료에 나타나 있는 경우, 본표제에 사용된 언어나 문자로 되어 있는 발행지명이나 배포지명의 형식을 기재한다. 이 기준을 적용할 수 없을 경우, 활자크기가 두드러진 지명의 형식을 기재하거나, 활자크기가 구별되지 않을 경우에는 첫 번째로 나타나는 지명의 형식을 기재한다.

4.1.12 대등발행지명이나 배포지명표시는 빈칸, 등호, 빈칸을 앞세워 기재할 수도 있다. 이를 기재하지 않을 경우, 생략표시는 하지 않는다.

예: . — Genf = Genève

4.1.13 발행지나 배포지가 계속자료의 어느 곳에도 나타나 있지 않을 경우, 알려져 있는 도시명을 각괄호로 묶어 보기한다. 도시명이 불확실하거나 알 수 없는 경우, 추정되는 도시명에 의문부호를 덧붙여 이를 각괄호로 묶어 보기한다.

예: . — [Hamburg?]

4.1.14 도시명을 기재할 수 없을 경우, 도시명에 적용할 수 있는 것과 동일한 규정에 따라 주명, 지역명이나 국가명을 기재한다.

예: . — Canada

편집자주: 발행지로 알려져 있는 지역 (지정정보원에 나타나 있음)

. — [Surrey]

편집자주: 발행지로 알려져 있는 지역 (지정정보원
에는 나타나 있지 않음)

. — [Guatemala?]
편집자주: 발행지로 예상되지만 불확실한 지역

4.1.15 어떤 지역도 발행지나 배포지로 기재할 수 없는 경우, '발행지불명'(약어 's.l'(sine loco)) 또는 해당 문자의 그에 상응하는 단어를 각괄호로 묶어 보기한다.

예: . — [S.l.]
. — [Б.м.]

4.1.16 발행지 및 배포지의 변경사항

4.1.16.1 **연속간행물.** 이후 발행된 호에서 발행지나 배포지가 변경되었을 경우, 식별을 위해 필요하거나 목록 이용자에게 중요하다고 생각되면 변경된 발행지나 배포지를 주기사항에 기재한다(7.4.2.1을 보라).

4.1.16.2 **통합자료.** 이후 발행된 반복부분에서 발행지 및 배포지가 변경되었을 경우, 식별을 위해 필요하거나 목록 이용자에게 중요하다고 생각되면 기술을 변경하고 이전의 발행지 및 배포지는 주기사항에 기재한다(7.4.2.2를 보라).

4.2 발행처명 및 배포처명

4.2.1 둘 이상의 발행처명이 계속자료에 나타나 있는 경우, 활자크기가 두드러진 발행처명을 기재하거나, 활자크기가 구별

되지 않을 경우에는 첫 번째 나타나는 발행처명을 기재한다. 활자크기가 구별되지 않고 발행처명이 순서대로 나타나 있지 않을 경우, 목록 이용자에게 가장 중요하다고 생각되는 발행처명을 기재한다(4.2.7을 보라).

4.2.3 두 번째 이하의 발행처명이 생략되는 경우, 그 생략부분은 '등'('etc.')이나 해당 문자의 그에 상응하는 단어를 각괄호로 묶어 나타낼 수도 있다(4.1.5도 보라).

예: . — Lausanne : Payot [etc.]

4.2.4 발행처명과 배포처명이 모두 지정정보원에 나타나 있는 경우, 배포처명을 기재할 수도 있다. 배포처명이 다른 정보원에 나타나 있는 경우, 그것을 제7사항에 기재할 수도 있다. 배포처명만 있을 경우는, 이를 반드시 기재해야 한다.

4.2.5 발행처명과 배포처명이 분명하게 이해하고 식별할 수 있을 경우, 간략형으로 기재할 수도 있다.

4.2.6 발행처명이나 배포처명이 제1사항에 완전형으로 나타나 있는 경우, 제4사항에 완전형을 반복해서 기재할 수도 있고, 아니면 축약형이나 식별가능한 어구로, 제4사항에 기재할 수도 있다. 비록 간략형이 지정정보원에 제시되어 있지 않은 경우라 하더라도, 완전형 대신에 기재한 간략형에는 각괄호를 사용하지 않는다.

예: . — Liste des périodiques Reçus au Centre national des recherches agronomiques. — Versailles : C.N.R.A.

4.2.7 발행처명이나 배포처명이 둘 이상의 언어 및 문자로 계속자료에 나타나 있는 경우, 본표제에 사용된 언어나 문자로 되어 있는 발행처명이나 배포처명을 기재한다. 이 기준을 적용할 수 없을 경우, 활자크기가 두드러진 발행처명이나 배포처명을 기재하거나, 활자크기가 구별되지 않을 경우에는 첫 번째로 나타나는 발행처명이나 배포처명을 기재한다.

4.2.8 대등발행처명이나 배포처명 표시는 빈칸, 등호, 빈칸을 앞세워 기재할 수도 있다. 이를 기재하지 않을 경우, 생략표시는 하지 않는다.

예: . — Bern : Bundeskanzlei = Chancellerie federale

4.2.9 알려져 있지 않은 발행처명이나 배포처명을 대신해서 인쇄처명을 기재하지 않는다. 그러나 개인이나 단체가 인쇄나 제작, 발행이나 배포활동을 동시에 수행하거나 그 책임성이 불확실할 경우, 이름이 나타나 있는 인쇄처를 발행처로도 추정한다.

예: . — London : Oxford University Press
. — Paris : Imprimerie nationale

4.2.10 어떤 이름도 발행처명이나 배포처명으로 기재할 수 없는 경우, '발행처불명'(약어 's.n.'(sine nomine))이나 해당 문자의 그에 상응하는 단어를 각괄호로 묶어 보기한다.

예: . — [S.l. : s.n.]
. — London : [s.n.]
. — [발행지불명 : 발행처불명]

4.2.11 발행처명 및 배포처명의 변경사항

4.2.11.1 **연속간행물**. 이후 발행된 호에서 발행처명이나 배포처명이 변경되었을 경우, 식별을 위해 필요하거나 목록 이용자에게 중요하다고 생각되면 변경된 발행처명이나 배포처명을 주기사항에 기재한다(7.4.2.1을 보라).

4.2.11.2 **통합자료.** 이후 발행된 반복부분에서 발행처명이나 배포처명이 변경되었을 경우, 식별을 위해 필요하거나 목록 이용자에게 중요하다고 생각되면 최신 반복부분을 반영할 수 있도록 기술을 변경하고 이전의 발행처명이나 배포처명은 주기사항에 기재한다(7.4.2.2를 보라).

4.3 배포처 기능표시

4.3.1 배포처가 수행하는 기능의 표시가 발행표시의 중요한 부분으로 지정정보원에 포함되어 있는 경우, 해당 표시를 완전하게 옮겨 적는다.

예: . — Montréal : Editions HRW ; Paris : diffusion, A. Lecot

4.3.2 배포처가 수행하는 기능이 명시되어 있지 않을 경우, 그 활동의 성격을 나타내는 간단한 단어나 어구를 각괄호로 묶어 부기할 수도 있다.

예: . — Cincinnati : National Directory Service ; Oxford : Vacation Work [distributor]

. — London : Longman ; [Paris : A. Colin, distributor]

. — Ottawa : Oak Lane Software : Information Insights [distributor]

4.4 발행일 및 배포일

4.4.1 발행, 배포 등 사항은 계속자료의 발행이력과 관련된 일자를 포함한다.

4.4.2 **연속간행물.** 연속간행물의 경우 발행일은 창간호나 종간호의 발행년도이다. 이들은 제3사항에 기재된 적용일자와 상응하거나, 같을 수도 있다.

창간호의 발행일 다음에는 하이픈(−)을 기재한다. 종결된 연속간행물을 기술하는 경우, 창간호의 발행일과 종간호의 발행일을 하이픈으로 구분한다. 창간호의 발행일을 알 수 없는 완결된 연속간행물을 기술하는 경우, 종간호의 발행일을 알 수 있다면 하이픈을 앞세우고 종간호의 발행일을 기재한다.

예: , 1965 -
제3사항에 → Vol. 5, no.7 (July 1963) -

, 1936 - 1960
제3사항에 → Vol. 1, no. 1 (winter 1936) - vol. 24, no. 4 (winter 1959 - 60)

, - 1896.
제3사항에 → - vol. 47, no. 121 (Aug. 29, 1896)

, 1962
제3사항에 → Бр. 1 (17 септ. 1962г.) - бр. 21 (10 окт. 1962 г.)

, 1989

제3사항에 → Vol. 1, pt. 1 (Dec. 1989); no further issues published

창간호 및(또는) 종간호 이외의 호를 기술하는 경우, 창간호 및(또는) 종간호의 발행일이 국가서지나 다른 정보원에서 발견되거나 쉽게 알아낼 수 있다면, 발행, 배포 등 사항(제4사항)에 창간호 및(또는) 종간호의 발행일을 각괄호로 묶어 기재할 수도 있다(4.4.8을 보라).

창간호 및(또는) 종간호의 발행일을 알 수 없다면, 제4사항에서 이것을 생략한다. 이러한 경우, 발행일에 대한 정보는 제7사항에 기재할 수도 있다(7.4.1을 보라).

4.4.3 **통합자료.** 기재된 발행 시작일은 통합자료를 처음으로 이용할 수 있었던 년도이다. 완결된 통합자료를 기술하는 경우, 알 수 있으면 발행이 중단된 일자도 기재한다.

갱신되는 가제식 자료. 기재된 발행 시작일은 해당 판이나 수정판 등이 최초로 발행된 년도이다. 완결된 갱신 가제식 자료를 기술하는 경우, 기재된 중단일자는 중요정보원에 나타난 일자이다. 쉽게 확인할 수 있으면 최종 갱신일도 기재한다.

예: , 1990 - 1995 [last updated 1999]

4.4.4 서력기년은 아라비아숫자로 적는다. 서력기년이 아닌 일자는 지정정보원에 나타나 있는 그대로 기재하고, 그에 상응

하는 서력기년을 설정할 수 있을 경우 이를 각괄호로 묶어 부기한다.

예: , 1374 [2000]
, 단기4290 [1957]

계속자료에 다양한 기년의 일자들이 나타나는 경우, 모든 일자들은 빈칸, 등호, 빈칸(=)으로 분리시켜 기재한다.

예: , an Ⅲ - an Ⅳ = 1795 - 1796

4.4.5 지정정보원에 나타나 있는 일자가 부정확한 것으로 밝혀졌을 경우, 그것을 나타나 있는 그대로 옮겨 적고 정정 일자를 각괄호로 묶어 기재한다.

예: , 1905 [i.e. 1950] - 1970

4.4.6 발행일이나 배포일이 없는 경우, 그 대신 판권일이나 인쇄일을 기재한다. 판권일과 인쇄일은 나타나 있는 그대로 표시한다.

예: , 1960 printing -
, cop. 1970 -

연속 녹음자료의 경우, 'p'(phonogram) 일자를 다음과 같이 기술한다.

예: , p 1985 -

4.4.7 목록 이용자에게 중요하다고 생각되는 경우, 판권일을 발행

일이나 배포일에 부기한다.

4.4.8 발행일이나 배포일, 판권일이나 인쇄일을 알 수 없는 경우, 발행 추정일을 쉽게 알아낼 수 있다면 추정되는 발행일을 각괄호로 묶어 기재한다.

예: , [1969?]
, [196 –] –
, [ca. 1835] –
, [1835경] –

4.4.9 계속자료의 발행일에 나타나는 불규칙성은 주기사항(제7사항)에 기재한다(7.4.1을 보라).

4.5 인쇄지 또는 제작지

4.6 인쇄처명 또는 제작처명

4.5.1과 4.6.1 인쇄지나 제작지 및 인쇄처명이나 제작처명이 해당 계속자료에 나타나 있고 발행지나 배포지 및 발행처명이나 배포처명을 둘 다 알 수 없는 경우, 인쇄지나 제작지 및 인쇄처명이나 제작처명을 반드시 기재해야 한다. 그와 같은 정보가 계속자료의 외부로부터 채기된 정보일 경우, 각괄호로 묶어 기재한다.

예: , 1974 – ([Manchester : Unity Press])
. — [S.l. : s.n.], 1980 – (Asnières : Kopp et Lahure)

4.5.2와 4.6.2 인쇄지나 제작지 및 인쇄처명이나 제작처명이 해당 계속자료에 나타나 있는 경우, 이를 발행지나 배포지 및 발행처

명이나 배포처명 중의 하나 또는 둘 모두에 부가해서 기재할 수도 있다.

4.5.3과 4.6.3 복수의 인쇄지나 제작지 및 복수의 인쇄처명이나 제작처명을 기재하는 경우, 복수의 발행지나 배포지 및 발행처명이나 배포처명을 기재할 때와 동일한 구두점을 사용한다.

4.7 인쇄일 또는 제작일

4.7.1 인쇄일이나 제작일을 발행일이나 배포일 대신 기재하는 경우 (4.4.6을 보라), 인쇄일이나 제작일을 여기에서는 반복하지 않는다.

4.7.2 인쇄일이나 제작일이 이미 기재되어 있는 알려진 일자(발행일이나 배포일, 또는 판권일)와 다를 경우, 인쇄일이나 제작일을 기재할 수도 있다.

4.7.3 인쇄일이나 제작일은 인쇄처명이나 제작처명 다음에 오는 요소로 기재하거나, 아니면 인쇄일이나 제작일 단독으로 기재할 수도 있다. 후자의 경우, 그 일자를 명확하게 하기 위해 단어나 간략한 어구를 부기한다.

예: . — Budapest : Akadémiai K., 1977– (Debrecen : Alföldi Ny., 1978–)

. — Paris : F. Nathan, 1976 (printed in 1977)–

4.8 변경사항

4.8.1 발행지나 배포지의 변경사항에 대해서는 4.1.16의 지침을 따르며, 발행처명이나 배포처명의 변경사항에 대해서는 4.2.11의 지침을 따른다.

5. 형태기술사항

내용

5.1 특정자료표시 및 수량 (Specific material designation and extent)
5.2 기타 형태세목 (Other physical details)
5.3 크기 (Dimensions)
5.4 딸림자료표시 (Accompanying material statement) (임의규정)

구두법 유형

A. 형태기술사항은 마침표, 빈칸, 붙임표, 빈칸(. —)을 앞세워 적는다.
B. 기타 형태세목은 마침표, 콜론, 마침표(:)를 앞세워 적는다.
C. 크기표시는 빈칸, 세미콜론, 빈칸(;)을 앞세워 적는다.
D. 딸림자료표시는 빈칸, 덧셈기호, 빈칸(+)을 앞세워 적는다.
E. 수량, 기타 형태세목, 딸림자료의 크기를 기재한다면, 원괄호로 묶어 적는다.

예시

. — 특정자료표시 및 수량 : 기타 형태세목 ; 크기 + 딸림자료표시(딸림자료의 수량 : 딸림자료의 기타 형태세목 ; 딸림자료의 크기)

. — Specific material designation and extent : other physical details statement ; dimensions + accompanying material statement (extent of accompanying material : other physical details of accompanying material ; dimensions of accompanying material)

. — 특정자료표시 및 수량

. — Specific material designation and extent

지정정보원

자료 전체

5.1 특정자료표시 및 수량

5.1.1 특정자료표시는 계속자료가 속하는 자료의 특정 범주를 식별하여 해당 서지기관에서 선택한 언어로 기재한다(2.1.5.2도 보라).

5.1.2 완결된 계속자료의 경우, 특정자료표시는 아리비아 숫자를 이용하여 서지단위의 권호를 앞세워 적는다.[14)]

5.1.3 **인쇄된 연속간행물.** 인쇄된 연속간행물은 '권(volume)', '호(number)', 또는 '부분(part)' 등의 특정자료표시나, 적절한 용어, 또는 해당 서지기관 언어의 그에 상응하는 용어를 이용하여 ISBD(M)의 지침대로 기술한다. 특정자료표시는 표준약어형태로 적는다. 발행이 진행중인 연속간행물이나 개별서지자료의 권호를 결정할 수 없는 완결된 연속간행물의 경우, 특정자료표시는 독자적으로 기재한다.

14) 제5사항에 기재되는 권호는 한 장서에서 다른 장서로 변경될 수 있는 특정 장서의 로컬소장내용에 대한 물리적 단위의 권호와 혼란을 일으키지는 않는다(각주 12)도 보라).

예: . — 90 vol.
. — 120 no.
. — 17 pties
. — vol.
. — pt.

5.1.4 **갱신되는 가제식 자료.** 계속 출간되는 갱신 가제식 자료는 'vol.(loose-leaf)'으로 기술하거나 해당 서지기관 언어의 그에 상응하는 용어를 이용한다. 완결된 갱신 가제식 자료는 '1 vol.(loose-leaf)', '2 vol.(loose-leaf)' 등으로 기술하거나, 적절한 용어, 또는 해당 서지기관 언어의 그에 상응하는 용어를 이용하여 기술한다.

예: . — 3 vol. (loose-leaf)
. — 3책 (가제식)

5.1.5 **비인쇄 계속자료.** 비인쇄 계속자료는 자료유형에 따라 적절한 ISBD 지침대로 기술한다.

예: . — 33 microfiches
. — 5 filmstrips
. — sound discs
. — electronic tape cassettes
. — 3 microfilm reels
. — 마이크로피시 33매
. — 음반 2매

5.2 기타 형태세목

기타 형태세목에 대한 정보를 기재하는 경우, 자료유형에 따라 적절한 ISBD의 지침을 따른다.

예: . — 3 microfilm reels : ill.
. — vol. ill., maps
. — no. : plans
. — 33 microfiches : chiefly ill.
. — 15 vol. : ill. (some col.)
. — videocassettes : sd., col.
. — sound discs : 33 1/3 rpm, stereo
. — electronic optical discs : col. ; 12 cm
. — 마이크로피시 33매 : 주로 삽화
. — 전자 광디스크 : 삽화 ; 12 cm

기타 형태세목에 대한 정보는 제7사항에 기재할 수도 있다(7.5를 보라).

5.3 크기

크기에 대한 정보를 기재하는 경우, 자료유형에 따라 적절한 ISBD의 지침을 따른다.

예: . — vol. : ill., maps ; 18 cm
. — no. ; 21 × 30 cm
. — videocassettes : sd., col. ; 1/2 in.
. — sound discs : 33 1/3 rpm, stereo ; 30 cm

. — 비디오카세트 : 유성, 삽화 ; 1/2 in.
. — 음반 : 33 1/3 rpm, 스테레오 ; 30 cm

계속자료의 크기가 변경되었을 경우, 더 작거나 가장 작은 크기 및 더 크거나 가장 큰 크기를 하이픈으로 분리시켜 형태기술사항(제5사항)에 기재할 수도 있으며, 또는 호/부분이나 반복부분의 크기가 다양하게 나타나는 사항은 주기사항(제7사항)에 기재할 수도 있다(7.5를 보라).

5.4 딸림자료표시 (임의규정)

5.4.1 딸림자료에 대한 정보를 기술하는 경우, 자료유형에 따라 적절한 ISBD의 지침을 따른다.

예: . — vol. : ill. ; 31 cm + weekly price list
. — vol. : ill. ; 28 cm + electronic disks (sd., col. ; 9 cm)
. — 47 vol. : ill., maps ; 27 cm + 114 microfiches (11 × 15 cm)
. — 책 : 삽화 ; 28 cm + 전자 디스크 (유성, 삽화 ; 9 cm)
. — 47책 : 삽화, 지도 ; 27 cm + 마이크로피시 114매 (11 × 15 cm)

5.4.2 딸림자료의 표제와 책임표시나 기타 특성은 제7사항에 기재할 수도 있다(7.5를 보라, 1.5.4.3도 보라).

5.4.3 딸림자료는 제7사항이나 다단계 기술방법(부록 A를 보라)을 이용하여 독립적으로 기술할 수도 있다.

6. 총서사항

서주(序註)

총서사항(제6사항)은 계속자료의 모든 호/부분이나 반복부분이 동일한 총서나 하위총서로 발행된(또는 발행하고자 하는 의도를 가지고 있는) 경우에만 사용한다. 다른 경우에는 총서나 하위총서표시를 주기사항(제7사항)에 기재할 수도 있다(7.6.1을 보라).

계속자료의 모든 호/부분이나 반복부분이 둘 이상의 총서 및 하위총서로 발행된 경우(또는 발행하고자 하는 의도를 가지고 있는), 총서사항을 반복하여 사용한다. 총서사항표시의 순서는 이 사항에 대한 정보원의 우선순위에 의해 결정된다. 그 순위가 동등한 가치를 가지고 있는 경우, 그 순서는 선택된 정보원에 나타나 있는 정보의 순서를 따른다.

총서나 하위총서를 계속자료로 기술하는 경우, 총서명이나 하위총서명은 총서나 하위총서 자체를 위한 서지기술의 본표제와 일치시킨다. 본표제와 관련된 모든 규정들은 표제와 책임표시사항(제1사항)을 참고하라(0.3.3.1도 보라).

내용

6.1 총서 또는 하위총서의 본표제 (Title proper of series or sub-series)
6.2 총서 또는 하위총서의 대등표제 (Parallel title of series or sub-series)
6.3 총서 또는 하위총서의 표제관련정보 (Other title information of series or sub-series)
6.4 총서 또는 하위총서에 관련된 책임표시 (Statements of responsibility relating to the series or sub-series)
6.5 총서 또는 하위총서의 국제표준연속간행물번호 (International Standard Seria Number of series or sub-series)
6.6 총서 또는 하위총서의 권호 (Numbering within series or sub-series)

구두법 유형

A. 총서사항은 마침표, 빈칸, 붙임표, 빈칸(. —)을 앞세워 적는다.
B. 각각의 총서 또는 하위총서표시는 원괄호로 묶어 적는다.
C. 두 번째 이하의 총서 또는 하위총서표시는 빈칸을 앞세워 적는다.
D. 각각의 대등표제는 빈칸, 등호, 빈칸(=)을 앞세워 적는다.
E. 표제관련정보에 대한 각각의 표시는 빈칸, 콜론, 빈칸(:)을 앞세워 적는다.
F. 첫 번째 책임표시는 빈칸, 사선, 빈칸(/)을 앞세워 적는다.
G. 다른 성격의 각 책임표시는 빈칸, 세미콜론, 빈칸(;)을 앞세워 적는다. 다만 그 표시가 단일어구를 구성하는 것으로 간주되는 경우는 예외로 한다.
H. 국제표준연속간행물번호는 쉼표, 빈칸(,)을 앞세워 적는다.

I. 총서 또는 하위총서의 권호는 빈칸, 세미콜론, 빈칸(;)을 앞세워 적는다.

J. 공통표제 다음에 오는 부문 권호표시나 하위총서 권호표시 또는 종속표제는 마침표, 빈칸(.)을 앞세워 적는다.

K. 부문 권호표시나 하위총서 권호표시 다음에 오는 종속표제는 쉼표, 빈칸(,)을 앞세워 적는다.

예시

. — (첫 번째 총서) (두 번째 총서)
. — (First series) (Second series)

. — (첫 번째 하위총서) (두 번째 하위총서)
. — (First sub - series) (Second sub - series)

. — (총서본표제 / 총서책임표시 ; 총서권호)
. — (Title proper of series / statement of responsibility relating to series ; numbering within series)

. — (총서본표제 : 총서표제관련정보 / 총서책임표시 ; 총서권호)
. — (Title proper of series : other title information of sereis / statement of responsibility relating to sereis ; numbering within series)

. — (총서본표제, ISSN ; 총서권호)
. — (Title proper of series, ISSN ; numbering within series)

. — (총서본표제, ISSN ; 총서권호 = 총서대등권호)
. — (Title proper of series, ISSN ; numbering within series = parallel numbering within series)

. — (하위총서본표제 = 하위총서대등표제, ISSN ; 하위총서권호)
. — (Title proper of sub - series = Parallel title of sub - sereis, ISSN ; numbering within sub - series)

. — (총서본표제, ISSN ; 총서권호 = 총서대등표제, ISSN ; 총서

대등권호)

. — (Title proper of series, ISSN ; numbering within series = Parallel title of series, ISSN ; parallel numbering within series)

. — (총서본표제. 하위총서본표제 ; 하위총서권호)

. — (Title of series. Title of sub-series ; numbering within sub-series)

. — (총서본표제. 하위총서본표제 / 하위총서책임표시, 하위총서 ISSN ; 하위총서권호)

. — (Title of series. Title of sub-series / statement of responsibility relating to sub-series, ISSN of sub-series ; numbering within sub-series)

지정정보원

총서의 표제면, 분출 표제면, 표지, 권두, 발행인란, 편집자란, 판권기, 계속자료의 나머지 부분

6.1 총서 또는 하위총서의 본표제

6.1.1 총서 또는 하위총서의 본표제는 지정정보원에 나타나 있는 대로 기재한다.

예: . — (Acta Universitatis Stockholmiensis)

. — (Lecture notes in artificial intelligence)

제7사항 주기에 → 상위총서: Lecture notes in computer science

하위총서의 본표제가 종속적일 경우, 하위총서의 본표제는 상위총서의 본표제로 구성되며, 하위총서 권호표시 및(또

는) 하위총서의 표제 다음에 기재한다. 상위총서의 표제는 제7사항에서 반복하지 않는다.

예: . — (Collection Armand Colin. Sectiom de droit)
. — (Acta Universitatis Carolinae. Philologica)

6.1.2 총서 또는 하위총서의 본표제의 선택과 기재는 제1사항의 규정에 따른다(1.1.4-1.1.5를 보라).

6.1.3 총서 또는 하위총서의 등록표제가 본표제와 다른 경우, 이것을 주기사항에 기재한다(7.6.4를 보라).

6.2 총서 또는 하위총서의 대등표제

총서 또는 하위총서의 본표제가 해당 호/부분이나 반복부분에서 둘 이상의 언어 및 문자로 나타나 있는 경우, 총서 또는 하위총서의 대등표제를 기재할 수도 있다(1.3.3.1도 보라). 총서 또는 하위총서의 대등표제는 식별을 위해 필요하거나 또는 목록 이용자에게 중요하다고 생각되는 경우에 포함시킨다.

예: . — (Материапы к познанию фаүны и флоры СССР = Contributiones pro fauna et flora URPSS = Contributions à la connaissance de la faune et la flore de l'URSS = Proceedings on the fauna and flora of the USSR)

6.3 총서 또는 하위총서의 표제관련정보

6.3.1 총서 또는 하위총서에 관련된 표제관련정보나 대등표제관련정보는 총서의 식별을 위해 필요하거나 또는 목록 이용자에게 중요하다고 생각되는 경우에 이를 기재한다.

예: . — (Collection I.P.N. : les industries, leurs productions, leurs nuisances)

6.3.2 총서 또는 하위총서에 관련된 판표시는 표제관련정보로 취급한다. 이것은 제2사항의 규정에 따라 기재한다.

예: . — (Sammlung Göschen : 2. Ausg.)

6.4 총서 또는 하위총서와 관련된 책임표시

총서 또는 하위총서의 본표제가 일반적인 용어일 경우, 첫 번째 책임표시는 필수적으로 기재해야 한다.

예: . — (Mededeling / Instituut voor Toegepast Biologisch Onderzoek in de Natuur)

또 다른 경우, 성격이 다른 책임표시가 지정정보원에 나타나 있고 총서나 하위총서의 식별을 위해 필요하거나 또는 목록 이용자에게 중요하다고 생각되는 경우에 이를 기재한다.
대등책임표시는 각각 빈칸, 등호, 빈칸(=)을 앞세워 기재할 수도 있다.

6.5 총서 또는 하위총서의 국제표준연속간행물번호

총서 또는 하위총서와 관련된 ISSN이 알려져 있을 경우에 이를 기재하며, 이 경우 관련된 표준에 따라 옮겨 적는다 (8.1.2도 보라).

예: . — (Actualités scientifiques et industrielles, ISSN 0365-6861)

하위총서의 표제가 상위총서에 종속적일 경우, 상위총서의 ISSN은 생략하지만 제7사항에 기재할 수도 있다(7.6.2를 보라).

예: . — (Dunántuli tudományos gyüjtemény. Series historica, ISSN 0475-9923)

주기에 → ISSN of the main series: ISSN 0475-9915

6.6 총서 또는 하위총서의 권호

6.6.1 총서 또는 하위총서내의 계속자료의 모든 호/부분이나 반복부분이 동일한 권호를 갖는 경우, 호/부분이나 반복부분의 권호표시(vol., no. 등)와 함께 이 권호를 총서사항에 기재한다.

총서 및 하위총서의 권호는 지정정보원에 나타나 있는 대로 기재한다. 표준약어를 사용할 수도 있다. 다른 숫자 또는 완전철자로 표시된 권호는 아라비아 숫자로 대체한다.

예: . — (Public Health Service publication ; no. 1124)

종속적인 하위총서의 경우, 총서의 권호를 생략하고, 적절한 해당 주기나 상위총서 권호와 하위총서 권호간의 상호관계를 제7사항에 기재할 수도 있다(7.6.3을 보라).

6.6.2 계속자료의 발행 중에 총서 및 하위총서의 권호가 변경되는 경우, 이를 제7사항에 기재할 수도 있다(7.6.3을 보라).

6.6.3 권호가 둘 이상의 언어로 나타나는 경우, 본표제나 대등표제의 언어대로 기재한다.

6.6.4 해당 호/부분이나 반복부분이 여러 개의 권호체계를 가지고 있는 경우, 모든 권호를 기재한다(3.1.6을 보라).

7. 주기사항

서주(序註)

주기사항은 해당 계속자료와 그 내용들의 서지내력과 물리적 형태의 모든 측면을 다룰 수 있다.

주기사항은 그 성격상 망라적으로 열거할 수는 없으나, ISBD(CR)의 각 사항별로 범주화 할 수 있다. 이러한 사항들에 관련된 주기이외에, 계속자료의 특징, 범위 등과 같이 ISBD(CR)의 어떤 특정 사항에 해당하지 않는 계속자료의 기술에 관련된 주기들이 있을 수도 있다.

주기사항은 하나의 계속자료에 대한 기술을 다른 계속자료나 단행자료의 기술과 연결하는데 사용될 수 있다. 다른 계속자료와 연결하는 경우, 원자료의 인용에서 우선시되고 권장되는 계속자료의 표제형식은 등록표제와 ISSN이다. 이러한 것들이 알려져 있지 않은 경우, 다른 계속자료는 본표제로 인용되거나 특별한 경우에는 준비된 ISBD(CR) 레코드의 내용에 적절한 형식(예를 들면, 도서관 목록에 나타난 계속자료의 표목과 표제)으로 기재되어야 한다. 단행자료와 연결하는 경우, 단행자료는 반드시 표제와 책임표시사항으로 인용되어야 한다.

주기사항과 주기사항에서 제시하고 있는 방법은 '필수규정'이라고 기재된 것(정보를 이용할 수 있을 경우)을 제외하고는 '임의규정'이다. 서지기관에 의해 적절하다고 판단되는 경우, 둘 이상의 주기사항을 하나로 통합할 수도 있다.

예: 주기에 → Description based on: Vol. 1, no. 2 (summer 1966); title proper taken from cover

특별한 자료유형(예를 들면, 전자 연속간행물)과 관련된 주기사항에 대한 정보는 그 자료유형에 적절한 ISBD(예를 들면, ISBD(ER))를 참고하라.

계속자료의 표제가 변경되어 새로운 등록표제와 ISSN이 주어진 경우, 자료내력 그리고 관련된 등록표제와 ISSN을 주기로 기재하는 것은 필수적이다.

내용

7.0 간행빈도 표시 (Frequency statement)

7.1 표제와 책임표시사항에 관한 주기 (Notes on the title and statement of responsibility area)

7.2 계속자료의 판사항과 서지내력에 관한 주기 (Notes on the edition area and the bibliographic history of the continuing resource)

7.3 권호사항에 관한 주기 (Notes on the numbering area)

7.4 발행, 배포 등 사항에 관한 주기 (Notes on the publication, distribution, etc., area)

7.5 형태기술사항에 관한 주기 (Notes on the physical description area)

7.6 총서사항에 관한 주기 (Notes on the series area)

7.7 내용에 관한 주기 (Noters on the contents)

7.8 표준번호 및 입수조건에 관한 주기 (Notes on the standard number and terms of availability)
7.9 성격, 범위 등에 관한 주기 (Notes on nature, scope, etc.)
7.10 기술된 개별자료에 관한 주기 (Notes on the item described)
7.11 기타 주기 (Other notes)

구두법 유형

각각의 주기는 마침표, 빈칸, 붙임표, 빈칸(. —)에 의해 다음 주기와 구분한다. 각각의 주기가 행을 달리하여 기재되는 경우, 이들 구두법은 마침표로 대체한다.

주기내에서는 가능한 경우, 표제와 책임표시사항(제1사항)에서 총서사항(제6사항)에 제시된 지정된 구두법을 따르도록 권고하고 있다. 예를 들면, 표제와 책임표시는 빈칸, 사선, 빈칸(/)으로 구분한다.

주기사항에 등록표제와 ISSN을 기재하는 경우, 이들을 빈칸, 등호, 빈칸(=)으로 연결한다. 그리고 본표제와 ISSN을 기재하는 경우, ISSN은 쉼표, 빈칸(,)을 앞세워 적는다.

지정정보원

모든 정보원

7.0 간행빈도 표시

간행빈도가 제1사항에 기재되지 않는 경우, 연속간행물의 간행빈도나 통합자료의 갱신빈도에 대한 주기를 반드시 기재해야 한다(필수규정).

예: Bimonthly
Irregular
Monthly (July – August issues combined)
Continuously updated
Four times each term
Triweekly during the academic year
격월간
반년간
계간 (연4회, 5회 간행되는 경우도 포함)
월간 (7, 8월 합본)
부정기간
간행빈도불명

간행빈도가 제1사항에 기재되는 경우, 부가 정보를 전달해야 한다면 간행빈도 표시를 주기사항에 반복할 수도 있다.

예: Weekly (10 issues each semester)
본표제 → The Mac weekly

계속자료의 간행빈도 변경은 주기사항에 기재할 수도 있다.

예: Quarterly as from 1975, no. 1 –
계간, 1975년 1월호 –

7.1 표제와 책임표시사항

7.1.1 본표제에 관한 주기

7.1.1.1 인쇄형태의 계속자료에서 본표제의 정보원이 대체표제면인 경우, 해당 정보원을 주기사항에 기재한다(필수규정). 비인

쇄 계속자료에서는 자료유형에 적절한 ISBD의 지침에 따라 본표제의 정보원을 기재한다.

예: 주기에 → Title proper taken from cover
주기에 → Title from binder
주기에 → 책등표제임
주기에 → 본표제의 정보원: 제5권 제1호 (1990년 1월)

7.1.1.2 표지표제, 책등표제, 난외표제, 추가표제면의 표제 등과 같은 본표제의 이형에 대한 주기는 목록 이용자에게 중요하다고 생각되는 경우에 기재한다.

예: 주기에 → Title on the cover: ... és játék

주기에 → Title from disc label: Journal of the U.S. House of Representatives
본표제 → Journal of the House of Representatives of the United States

주기에 → At head of title: Bizmap navigator
본표제 → Singapore yellow pages with electronic maps

주기에 → Some issues have also title in German: Hobbes OS/2 archiviert
본표제 → Hobbes archived OS/2

주기에 → Title bar title: Antarctic Meteorology Research Center home page

주기에 → 표제앞에: 전국 각 대학교
본표제 → 언론정보학 석·박사 학위 논문 요약집

주기에 → 일부 호는 독일어표제도 있음: Hobbes OS/2 archiviert
본표제 → Hobbes archived OS/2

7.1.1.3 본표제가 일련의 두문자어 또는 약어 세트로 구성되었거나 이를 포함하고 있는 경우(1.1.3.3을 보라), 해당 계속자료의 표제면 이외의 정보원에서 채기된 변형이나 완전형에 대한 주기사항을 기재할 수도 있다(1.4.3을 보라).

예: 본표제 → IRLS
주기에 → Expanded form of title proper: Interrogation recording and location system

본표제 → K. en E.
주기에 → 본표제의 확장형: Kantoor en efficiency

본표제가 숫자로 구성되었거나 이를 포함하고 있는 경우(1.1.3.4를 보라), 완전형에 대한 주기사항을 기재할 수도 있다.

예: 본표제 → Le01
주기에 → Expanded form of title proper: Le zéro un

7.1.1.4 본표제가 단체명으로만 구성되어 있는 경우, 해당 계속자료의 외부로부터 채기한 기술정보에 대한 주기사항을 기재할 수도 있다(1.4.4를 보라).

예: 본표제 → City Theatre
주기에 → Programme of performances for the season

7.1.1.5 본표제의 변경

7.1.1.5.1 **연속간행물.** 연속간행물의 본표제가 현저하게 변경된 경우에는 새로운 서지기술이 필요하다. 서지내력의 변경에 따른 본표제의 현저한 변경이나, 서지내력의 변화를 유도하는 본표제의 현저한 변경에 대한 주기사항은 7.2를 보라.

창간호나 가장 빠른 호 이후에 나타난 본표제의 경미한 변경[15]에 대한 주기는 식별을 위해 필요하거나 목록이용자에게 중요하다고 생각되는 경우, 개별 호의 권호와 함께 기재한다. 그렇지 않으면 본표제가 변경되었다는 주기를 기재한다(1.1.4.2를 보라). 각 호가 서로 다른 본표제를 갖는 경우, 일반주기를 기재할 수도 있다.

예: Issues for 1999– have title: Annual report on pipeline safety
(창간호의 본표제 → Annual report of pipeline safety)

Issues for Jan. 1928–July 1952 have title: The magazine antiques; issues for Aug. 1952–Feb. 1971 have title: Antiques; issues for Mar. 1971– have title: The magazine antiques.
(창간호의 본표제 → Antiques)

Some issues have title: Viet–Nam bulletin
(창간호의 본표제 → Vietnam bulletin)

Some issues have title: SLIS newsletter
(창간호의 본표제 → Newsletter)

Vols. for 1995– have title: Tax strategies for corporate acquisitions, dispositions, spin–offs, joint ventures, financings, reorganizations, and restructuring (varies slightly)
(창간호의 본표제 → Tax strategies for corporate acquisitions, dispositions, spin–offs, joint ventures and other strategic alliances)

15) 본표제의 경미한 변경에 대한 예시와 같이 등록표제와 ISSN은 변경되지 않는다(*ISSN Manual*, Part 2를 보라).

Issues for Oct. - Dec. 1995-- have title: African woman & health
(창간호의 본표제 → African women & health)

Title varies slightly

7.1.1.5.2 **통합자료.** 동일한 자료의 이전 표제들에 대한 주기사항을 작성한다(1.1.7.1을 보라).

예: Title history: Australian industrial safety, health & welfare, 1979 - Mar. 1996

Former titles: Euroinfo international (viewed on May 10, 1998); Telephone directories international (viewed on Sept, 9, 1999)

7.1.1.5.3 **전자 연속간행물.** 이전표제가 사용되지 않은 전자 연속간행물은 통합자료로 취급하고, 이전표제에 대한 주기사항을 작성한다.

예: All issues previously published under the title BMMR have been reformatted with the current title

7.1.2 표제면에 나타나 있는 대등표제와 표제관련정보가 너무 길어서 제1사항의 기술에 적합하지 않는 경우(1.3.3.1, 1.4.5.3, 1.4.5.5.1을 보라), 이를 주기에 기재할 수도 있다.

예: Issues for July - Aug. 1962--Sept. - Oct. 1966 have parallel title in Chinese: Wen hua

Issues for Oct. 1975- have parallel title in English: The half - yearly law review
(그 이전호의 대등표제 → Law quarterly review)

7.1.3 해당 연속간행물이 발행중에 대등표제와 표제관련정보표시가 변화되었을 경우, 목록 이용자에게 중요하다고 생각되면 개별호의 권호표시와 함께 변화된 대등표제와 표제관련정보에 대한 주기를 기재한다. 그렇지 않으면, 대등표제와 표제관련정보가 변화되었다는 주기를 기재할 수도 있다(1.3.4와 1.4.8을 보라). 통합자료의 경우 최신의 대등표제와 표제관련정보를 표제와 책임표시사항(제1사항)에 기재할 수도 있으며, 목록이용자에게 중요하다고 판단되는 경우 이전정보(이전 반복부분의 대등표제가 없음을 포함하여)를 주기에 기재한다(1.3.4와 1.4.8을 보라).

7.1.4 책임표시에 관한 주기사항

7.1.4.1 이 주기는 다음의 사항을 포함할 수도 있다.

해당 계속자료의 외부로부터 채기된 책임표시(1.5.3.8과 1.5.5.2를 보라);
개인명 또는 단체명, 그리고 필명의 이형 또는 완전형에 대한 주기사항(1.5.5.4와 1.5.5.12.2를 보라);
다른 기술사항에는 포함할 수 없는, 해당 저작과 관련 개인이나 단체에 대한 주기사항(예를 들면, 개인이나 단체의 기능이 구체적으로 명시되어 있지 않아서 발생되는 상황. 1.5.3.9를 보라);

예: 주기에 → Issues [1] - compiled by: Truong Ky

이전판과 관련이 있지만 해당 판과는 관련이 없는 개인이나 단체에 대한 주기사항;

본표제나 기타 대등표제에 적용되지 않는 대등책임표시에 대한 주기사항(1.5.5.11.1을 보라).

예: Title proper: Journal of the Professional Institute
주기에 → Full name of the institute: Professional Institute of the Public Service of Canada

Title proper: IRTU
주기에 → Expanded form of title proper: International Road Transport Union

7.1.4.2 해당 계속자료에 나타나 있으나 표제면에는 나타나 있지 않은 부록과 기타 보유자료에 관련된 책임표시를 주기에 기재할 수도 있다(1.5.4.3을 보라).

7.1.4.3 해당 계속자료에 나타나 있으나 표제면에는 나타나 있지 않은 책임표시에 대한 정보원을 주기에 기재할 수도 있다.

7.1.4.4 **책임표시의 변경**

연속간행물. 창간호나 가장 빠른 호 이후에 나타난 책임표시의 변경(단체명 형식의 경미한 변경을 포함하여)에 대한 주기는 연속간행물의 식별을 위해 필요하거나 목록 이용자에게 중요하다고 생각되는 경우에 기재한다. 다음과 같이 언어학적 응용이 가능한 단체명 형식의 변경은 경미한 것[16]으로 간주한다.

관사, 전치사, 접속사가 대체, 첨가, 삭제되는 경우.
의미에 영향을 주지 않는 철자나 구두법이 변경되는 경우.

16) 등록표제가 아닌 본표제와 관련하여 단체명 형식에 대한 경미한 변경의 예시와 같이 등록표제와 ISSN은 변경되지 않는다(*ISSN Manual*, Part 2를 보라).

단수에서 복수형태로의 변화와 같은 단어의 어형변화가 이루어지는 경우.
명칭에 있어 요소들의 순서가 변경되는 경우.

통합자료. 최신 반복부분에 더 이상 나타나지 않는 이전의 책임표시나 이전 반복부분에서와는 다른 형식으로 나타나는 책임표시에 대한 주기는 목록 이용자에게 중요하다고 생각되는 경우 기재한다. 변경사항이 많은 경우, 일반주기를 기재할 수도 있다.

예: Editor varies

7.2 계속자료의 판사항과 서지내력에 관한 주기

7.2.1 이 주기는 판표시의 정보원이나 특징에 대한 주기를 포함할 수도 있다(2.1.2를 보라).

계속자료의 정기적인 개정에 대해서는 반드시 주기를 기재한다(필수규정, 2.1.5.3을 보라).

예: Revised edition issued every 6 months

해당 계속자료의 판과 관련하여 외부로부터 채기된 책임표시에 대한 주기사항을 기재할 수도 있다.

7.2.2 판사항의 변경

7.2.2.1 **연속간행물.** 창간호나 가장 빠른 호 이후에 나타나는 판표시의 변경은 목록 이용자에게 중요하다고 판단되는 경우 주기사항에 기재한다(2.1.6을 보라).

7.2.2.2 **통합자료.** 최신 반복부분에 더 이상 나타나지 않는 이전의 판표시나 이전 반복부분에서와는 다른 형식으로 나타나는 판표시는 목록 이용자에게 중요하다고 생각되는 경우 주기사항에 기재한다(2.1.6을 보라).

7.2.3

서지내력. 해당 계속자료의 상세한 서지내력은 필요한 경우 다른 자료와의 연결을 보여주는 권호표시와 함께 주기사항에 기재할 수도 있다.

예: Rev. ed. of: Mental capacity : medical and legal aspects of the aging. 1977

7.2.4 다른 계속자료와의 관계

해당 계속자료와 다른 계속자료와의 관계, 그리고 해당 계속자료와 그것의 다른 판(영인본이나 재발행본(re-issues)의 이전 출판물을 포함하여)과의 관계에 대한 세부사항은 다음과 같이 기재한다.

7.2.4.1 번역물

해당 계속자료가 다른 계속자료의 번역물(translations)로 알려져 있고 원본 계속자료의 발행 이후에 나타난 경우, 제7사항의 첫 번째 주기에 아래의 형식대로 원본 계속자료의 표제(또는 적절한 곳에 등록표제와 ISSN)를 기재한다(필수규정).

예: Soviet radiochemistry
주기에 → Translation of: Radiohimiâ = ISSN 0033-8311

서로 다른 언어로 동시에 나타나는 계속자료의 발행판은 7.2.4.3을 보라.

7.2.4.2 복제물

해당 계속자료가 다른 계속자료의 완전한 복제물(reproductions) 예를 들면, 인쇄물의 영인본이나 다른 사진(마이크로)복제물, 음향 디스크의 음향 카세트 복제, 동영상물의 비디오 복제, 디지털 형태 등과 같은 경우, 해당 계속자료가 복제물임을 주기사항에 기재한다(필수규정)(2.1.4.1, 3.1.10, 4.0을 보라). 원본 계속자료의 표제가 복제물의 표제와 다를 경우, 원본의 발행지와 발행자명을 기재한다. 또한 원본 계속자료의 간행빈도를 기재할 수도 있다.

예: Le banquet. — Reprod. [en fac-sim.]. — No 1 (mars 1892)-no 8 (mars 1893). — Genève : Slatkine, 1971. — 23 cm
주기에 → Reprint of the monthly publication, Paris : Librairie Rouquette

Le pianiste : [journal spécial, analytique et instructif]. — [Reprod. en fac-sim.]. — 1 (1833/34)-2(1834/35). — Genève : Minkoff, 1972. — Portr. ; 31 cm
주기에 → Reprint of the monthly, later bimonthly, publication, Paris : H. Lemoine

7.2.4.3 이판을 가진 자료

계속자료가 부분적인 내용과 언어면에서 서로 다른 둘 이상의 판중의 하나일 경우, 다른 판의 이름을 기재한다. 다른 판의 이름을 쉽게 확인할 수 없는 경우, 일반주기를 작성한다. 계속자료가 쉽게 명명할 수 있는 것 이상으로 더 많은 판이 발행된 경우, 일반주기를 작성한다.

예: 주기에 → Also published in Early edition, 2-star edition, and 3-star edition
편집자주: Title being described is Final edition

주기에 → Also published in National edition
편집자주: Title being described is City edition

주기에 → Edition statement applies to program listings
편집자주: Published in multiple editions with identical editorial material; program listings apply to specific geographic areas

주기에 → Numerous editions

주기에 → Also appears in French and German

주기에 → English edition of: Bulletin critique du livre francais = ISSN 0007-4209
편집자주: Title proper: New French books

주기에 → Issues 46- also available online

7.2.4.4 승계

해당 계속자료가 기존에 발행된 계속자료를 승계(continuation)한 경우, 기존 계속자료의 표제(또는 적절한 등록표제와 ISSN)에 대한 주기를 일정 형식에 따라 기재한다(필수규정).

Continues:

: ~ 을 개제

예: Pointer
주기에 → Continues: Monthly Scottish news bulletin = ISSN 0307-5273

生物工學會誌

주기에 → 酵素工學會誌 = ISSN 0389-6151을 개제

해당 계속자료가 이후에 발행된 계속자료로 승계되는 경우, 이후 계속자료의 표제(또는 적절한 등록표제와 ISSN)에 대한 주기를 일정 형식에 따라 기재한다(필수규정).

Continued by:
: ~ 으로 개제

예: Report of the General Manager for the year ... / presented to the Glasgow Corporation Transport Committee
주기에 → Continued by: Annual report of the General Manager- Transport Department, Glasgow Corporation = ISSN 0308-4140

酵素工學會誌

주기에 → 生物工學會誌 = ISSN 0919-3758로 개제

7.2.4.5 합병[17] (7.2.4.7도 보라)

해당 계속자료가 이전에 발행된 둘 이상의 계속자료가 합병(merger)되어 이루어진 경우, 이전 계속자료의 표제(또는 적절한 등록표제와 ISSN)에 대한 주기를 일정 형식에 따라 기재한다(필수규정).

Merger of: ; and of:
: ~ 와 ~ 을 합병

예: Journal of applied chemistry. Abstracts

17) 둘 이상의 계속자료가 합병되어 이루어진 새로운 계속자료에 대해서는 새로운 등록표제와 ISSN이 ISSN 파일에 등록된다(*ISSN Manual*, Part 2를 보라).

주기에 → Merger of: British abstracts. B 1, Chemical engineering, fuels metallurgy, applied electrochemistry and industrial inorganic chemistry = ISSN 0365-8740; and of: British abstracts. B 2, industrial organic chemistry = ISSN 0365-8929

Nordia tiedonantoja / Oulun yliopiston maantieleen laitos

주기에 → Merger of: Nordia tiedonantoja. Sarja A = ISSN 0359-2510; and of: Nordia tiedonantoja. Sarja B = ISSN 0359-2529

편집자주: ISSN 1238-2078 = Nordia tiedonantoja (1995)

Berner Zeitung

주기에 → Merger of: Emmenthaler Blatt; and of: Neue Berner Zeitung

건설교통통계연보 / 건설교통부 편

주기에 → 建設交通統計年報 : 交通部門과 建設交通統計年報 : 建設部門을 합병

한국주요경제지표 / 통계청 편

주기에 → 한국경제지표와 주요경제지표를 합병

해당 계속자료가 이전에 발행된 하나 이상의 계속자료와 합병되어 새로운 계속자료가 되는 경우, 추가로 합병된 계속자료의 표제(또는 적절한 등록표제와 ISSN)와 이후의 새로운 계속자료의 표제에 대한 주기를 일정 형식에 따라 기재한다(필수규정).

Merged with: ; to become:

: ~ 와 합병되어 ~ 으로 됨

예: Transactions / British Ceramic Society

주기에 → Merged with: Journal of the British Ceramic Society = ISSN 0524-5133; to become: Transactions and journal of the British Ceramic Society = ISSN 0307-7357

Revised de actualidades, artes y letras

주기에 → Merged with: Gran via; to become: Revista Gran via de actualidades, artes y letras

Nordia tiedonantoja. Sarja A

주기에 → Merged with: Nordia tiedonantoja. Sarja B = ISSN 0359-2529; to become: Nordia tiedonantoja (1995) = ISSN 1238-2078

편집자주: ISSN 0359-2510 = Nordia tiedonantoja. Sarja A

Euro centre Suisse

주기에 → Merged with: L'exportation en pratique; to become: Commerce extérieur Suisse

建設交通統計年報 : 交通部門 / 건설교통부 편

주기에 → 建設交通統計年報 : 建設部門과 합병되어 건설교통통계연보가 됨

7.2.4.6 분리[18)]

해당 계속자료가 하나의 계속자료를 둘 이상으로 분리(split or separation)시켜 만든 새로운 자료인 경우, 이전 계속자료(분리되어진)의 표제(또는 적절한 등록표제와 ISSN)에 대

18) 둘 이상의 계속자료로 분리된 각각의 새로운 계속자료에 대해서는 새로운 등록표제와 ISSN이 ISSN 파일에 등록된다(*ISSN Manual*, Part 2를 보라).

한 주기를 일정 형식에 따라 기재한다(필수규정).

Continues in part:
: ~ 의 한 부분을 개제

예: Proceedings / Institution of Mechanical Engineers. Part 2
주기에 → Continues in part: Proceedings - Institution of Mechanical Engineers = ISSN 0020-3483

包裝技術 / 한국디자인포장센터 편
주기에 → 디자인·포장의 한 부분을 개제

분리되어 만들어진 또 다른 계속자료에 대한 자세한 사항을 기재할 수도 있다.

둘 이상의 계속자료로 분리된 어떤 계속자료를 기술하는 경우, 이후 계속자료의 표제(또는 적절한 등록표제와 ISSN)에 대한 주기를 일정 형식에 따라 기재한다(필수규정).

Split into: ; and into:
: ~ 와 ~ 으로 분리

예: Comparative biochemistry and physiology
주기에 → Split into: Comparative biochemistry and physiology. A, Comparative physiology = ISSN 0300-9629; and into: Comparative biochemistry and physiology. B, Comparative biochemistry = ISSN 0305-0491

Nordia tiedonantoja / Pohjois-Suomen maantieteellinen seura
주기에 → Split into: Nordia tiedonantoja. Sarja A = ISSN 0359-2510; and into: Nordia tiedonantoja. Sarja B = ISSN 0359-2529
편집자주: ISSN 0356-0686 = Nordia tiedonantoja (1970)

디자인+공예 = Design + Crafts / 디자인하우스 편
주기에 → 디자인과 미술공예로 분리

電子工學會論文誌 / 대한전자공학회 편
주기에 → 電子工學會論文誌. A = ISSN 0014-8039와
電子工學會論文誌 B = ISSN 0014-8042로 분리

해당 계속자료가 다른 계속자료로부터 분리되어 나온 경우, 분리되어 나온 계속자료의 표제(또는 적절한 등록표제와 ISSN)에 대한 주기를 일정 형식에 따라 기재한다(필수규정).

Separated from:
: ~ 으로부터 분리

예: Jeugdboekengids
주기에 → Separated from: Boekengids

미술공예 / 디자인하우스 편
주기에 → 디자인+공예로부터 분리

7.2.4.7 흡수 (7.2.4.5도 보라)

해당 계속자료가 자체의 표제를 유지한 채 다른 계속자료를 흡수(absorption)한 경우, 흡수된 계속자료의 표제(또는 적절한 등록표제와 ISSN)에 대한 주기를 일정 형식에 따라 기재한다(필수규정).

Absorbed:
: ~ 을 흡수

예: Philosophical magazine
　　주기에 → Absorbed: Annals of philosophy = ISSN 0365-4915

　　Notizie economiche UBS
　　주기에 → Absorbed: Panorama congiunturale

　　책과 인생 = Book & life / 범우사 편
　　주기에 → 독서문화를 흡수

해당 계속자료가 다른 계속자료에 흡수된 경우, 흡수한 계속자료의 표제(또는 적절한 등록표제와 ISSN)에 대한 주기를 일정 형식에 따라 기재한다(필수규정).

Absorbed by:
: ~ 으로 흡수

예: Marketing forum
　　주기에 → Absorbed by: Quarterly review of marketing = ISSN 0307-7667

　　Le cultivateur de la Suisse romande
　　주기에 → Absorbed by: Journal d'agriculture suisse

　　독서문화
　　주기에 → 책과 인생 = ISSN 1227-6073으로 흡수

목록 이용자에게 중요하다고 생각되는 경우, 흡수일자를 주기사항에 포함시킨다.

예: Philosophical magazine
　　주기에 → Absorbed in 1827: Annals of philosophy = ISSN 0365-4915

Marketing forum

주기예 → Absorbed in 1975 by: Quarterly review of marketing = ISSN 0307-7667

독서문화

주기예 → 책과 인생 = ISSN 1227-6073으로 1984년에 흡수

7.2.4.8 부록, 삽입물을 갖는 계속자료

해당 계속자료가 부록 및 삽입물을 갖는 경우, 부록 및 삽입물의 표제(또는 적절한 등록표제와 ISSN)에 대한 주기를 기재할 수도 있다.

예: Numismatic chronicle

주기예 → Supplement: Journal of the Royal Numismatic Society = ISSN 0307-8019

Der Kreis = Le cercle = The circle

주기예 → Supplement: Das kleine Blatt

도서관 = Doseogwan / 국립중앙도서관 편

주기예 → 부록: 도서관계 = ISSN 1225-0333

부록이 많을 경우, 부록의 존재에 대한 일반주기를 기재할 수도 있다.

예: 주기예 → Eighth-10th eds. updated by quarterly and annual cumulative supplements

주기예 → Numerous supplements

7.2.4.9 다른 계속자료의 부록이나 삽입물인 경우

해당 계속자료가 다른 계속자료의 부록이나 삽입물인 경우, 상위 계속자료의 표제(또는 적절한 등록표제와 ISSN)에 대한 주기를 기재한다(필수규정) (1.1.5.2도 보라).

예: Advances in physics
주기에 → Supplement to: Philosophical magazine = ISSN 0031-8086

La lettre du maire (Paris). Textes et documents
주기에 → Supplement to: La lettre du maire = ISSN 0395-0182

Das kleine Blatt = La petite feuille = The leaflet
주기에 → Supplement to: Der kreis

Action transport
주기에 → Inset in: Transport public = ISSN 0249-5643

도서관계 = Newsletter of libraries / 국립중앙도서관 편
주기에 → 모체자료: 도서관 = ISSN 1011-2073

7.2.4.10 하위총서를 갖는 총서

해당 연속간행물이 개별 독립표제를 갖는 하위총서로 구성된 총서인 경우, 총서로 발행된 하위총서들의 표제(또는 적절한 등록표제와 ISSN)에 대한 주기를 기재할 수도 있다.

예: Documentos de la Facultad de Filosofia, Letras y Ciencias
주기에 → Sub-series: Cuademos de geohistoria regional; Cuademos de investigación social

하위총서가 많을 경우, 하위총서의 존재에 대한 일반주기를 기재할 수도 있다.

예: 주기에 → Numerous sub-series

7.2.4.11 하위총서

해당 연속간행물이 하위총서인 경우, 상위총서에 대한 자세한 사항은 총서사항(제6사항)에 기재하고, 주기사항(제7사항)에 기재하지 않는다.

7.2.5 기타 관계

하나의 계속자료와 다른 계속자료와의 특별관계에 대한 주기사항은 관계에 대한 성격이나 다른 계속자료의 표제(또는 적절한 등록표제와 ISSN)에 대한 설명이 있다면, 기재할 수도 있다.

둘 이상의 계속자료가 함께 발행된 경우, 각각의 계속자료를 별도로 기술하고, 각각의 기술사항에 둘 이상의 자료가 동시에 발행되었음을 나타내주는 주기를 기재할 수도 있다.

예: La sucrerie belge ...
주기에 → Published with: Sugar industry abstracts

Sugar industry abstracts ...
주기에 → Published with: La sucrerie belge

Newsletter / Friends of Driftwood Public Library
주기에 → Vol. 4, no. 1- published in: Driftwood Public Library gazette
편집자주: 이전호들은 개별적으로 발행됨

7.3 권호사항에 관한 주기

7.3.1 자료특성사항(제3사항)에 기재하지 않은 권호에 대한 세부사항을 주기로 기재할 수도 있다. 그렇지 않으면, 제3사항에 그와 같은 세부사항을 기재하지 않는 이유를 기재할 수도 있다(3.1을 보라).

예: 주기에 → Suspended 1939 - 1945
주기에 → Unnumbered series

7.3.2 연속간행물의 중간호를 기술하는 경우, 창간호의 권호에 대한 주기를 기재할 수도 있다. 연속간행물의 발행이 중단되었지만 기술할 때 종간호를 이용할 수 없는 경우, 종간호의 권호에 대한 주기를 기재할 수도 있다(3.1을 보라).

예: 주기에 → Began with: Vol. 1, no. 1 (1972)
주기에 → Ceased with: Vol. 1, no. 6 (Oct. 1974)
주기에 → Began with: No. 1, published in 1968
주기에 → Ceased with: vol. for 1982
주기에 → Began with: Vol. 1, no. 1 (May 1974); ceased with: Vol. 1, no. 6 (Oct. 1974)
주기에 → Began with in 1962 and ceased in 1975.

7.3.3 상위 연속간행물에 종속된 부록이나 삽입물을 기술하는 경우, 상위 연속간행물의 권호에 대한 주기사항을 기재할 수도 있다(3.1.9를 보라).

예: Title proper: Külpolitika. English - language supplement

주기에 → No. 1 (1983) of the supplement corresponds to 10. évf., 1. sz. (1983) of the main publication

편집자주: In area 3: No. 1 (1983)

7.3.4 권호사항에 기재하지 않은 복잡하거나 불규칙적인 권호사항 또는 목록 이용자에게 중요하다고 생각되는 다른 모든 권호사항의 특성에 대한 주기도 작성한다(3.1을 보라).

예: 주기에 → Vol. 29, no. 3 - vol.39, no. 2 omitted in numbering

주기에 → Numbering begins with no. 1 each year

주기에 → 권호차가 해마다 no. 1로 시작됨

주기에 → 창간호의 권호가 제1권 제4호부터 시작됨

7.4 발행, 배포 등 사항에 대한 주기

7.4.1 이 주기는 해당 계속자료의 기타 발행처 또는 배포처에 관한 세부사항, 다양한 발행, 배포 등에 관한 주기, 정보와 불규칙성 그리고 부차적인 일자를 포함할 수도 있다.

예: 주기에 → Vol. 4 published in 1939, vol. 5 in 1946

7.4.2 발행, 배포 등 사항의 변경

7.4.2.1 **연속간행물.** 창간호나 가장 빠른 호 이후에 나타난 발행지와 발행처명의 변경에 대한 사항은 목록이용자에게 중요하다고 생각되는 경우, 개별호의 권호표시와 함께 주기로 기재한다. 많은 변경이 일어난 경우, 일반표시로 기재할 수도 있다 (4.1.16.1과 4.2.11.1을 보라)

예: 주기에 → Published: Redwing [sic] (Minn.), 1864 - 1865; Le Sueur (Minn.), 1865

주기에 → Publication statement varies

본표제 → 圖書館學論集
주기에 → 발행자: 경북도서관학회, 제1권 (1974) - 제4권 (1977); 한국도서관정보학회, 제5권 (1978) -

본표제 → 교육통계연보
주기에 → 발행자: 교육부, 1991 - 2001; 교육인적자원부, 2002 -

7.4.2.2 **통합자료.** 최신 반복부분에 더 이상 나타나지 않는 이전의 발행지와 발행처명이나 이전 반복부분에서와는 다른 형식으로 나타나는 발행지와 발행처명은 목록이용자에게 중요하다고 생각되는 경우, 주기사항에 기재한다(4.1.16.2와 4.2.11.2를 보라).

예: 주기에 → Published: New York : McGraw - Hill, 1974 - 1975; South Hackensack (N.J.) : F.B. Rothman, 1976 - 1978

7.5 형태기술사항에 관한 주기

이 주기는 형태기술사항(제5사항)에 기재된 공식적 표시를 보충하는 계속자료의 부차적인 형태기술, 딸림자료(딸림자료 형태가 해당 계속자료의 정규적 특성이 아닌 경우)에 관한 주기, 그리고 특별한 형태적 특이성에 관한 표시를 포함할 수도 있다. 예를 들면, 인쇄형태의 계속자료의 크기가 변경된 경우, 가장 작은 것과 가장 큰 것을 하이픈으로 분리시켜 기재할 수도 있다.

어떤 통합자료의 최신 반복부분에는 더 이상 나타나지 않는 이전의 형태세목에 대한 주기도 목록이용자에게 중요하다고 생각되는 경우 기재한다.

예: 주기에 → 21－30 cm
주기에 → Beginning with Vol. 9, no. 1 (Jan. 1970) height is 38 cm
주기에 → Issued in 2 vol., 8th ed.－10th ed.; in 3 vol., 11th ed.－15th ed.; in 4 vol., 16th ed.－20th ed.; in 5 vol., 21st ed.－
주기에 → 제3권 제6호(1986년 6월)부터 크기가 19 cm

7.6 총서사항에 관한 주기

7.6.1 해당 계속자료가 발행중에 둘 이상의 총서 또는 하위총서로 발행되는 경우, 이들 총서 또는 하위총서의 표제나 그러한 총서 및 하위총서의 존재를 나타내는 일반표시를 기재할 수도 있다(제6사항의 서주를 보라).

7.6.2 해당 계속자료가 각각의 표제를 갖는 하위총서로 발행되고 총서사항(제6사항)에 하위총서표시가 기재된 경우, 상위총서의 표제와 ISSN에 관한 주기를 기재할 수도 있다(6.1.1을 보라; 7.6.4도 보라).

해당 계속자료가 상위총서 표제에 종속적인 표제를 가진 하위총서로 발행되고 제6사항에 적당한 하위총서 표시가 있는 경우, 상위총서의 ISSN에 관한 주기를 기재할 수도 있다(6.1.1을 보라).

7.6.3 상위총서의 권호에 대한 주기 및 상위총서와 하위총서의 권호관계에 관한 주기를 기재할 수도 있다(3.1.9와 6.6.1을 보라)

총서 또는 하위총서 권호의 변경에 관한 주기를 기재할 수도 있다(6.6.2를 보라).

예: 주기에 → Each issue numbered 10, 20, 30, etc., in the series

7.6.4 등록표제가 총서 또는 하위총서의 본표제와 다른 경우, 등록표제를 주기사항에 기재한다(필수규정) (6.1.3을 보라).

7.7 내용에 관한 주기

이 주기는 내용리스트와 색인, 삽입물, 서지, 연속간행물의 호를 구성하는 독립적인 물리적 단위 등과 같은 기타 포함물에 관한 주기를 포함한다.

예: 주기에 → Includes: Bibliography of Northwest materials
주기에 → Indexes: Vols. 1 - 25 (1927 - 1951) in vol. 6, no. 1
주기에 → Contents: Vol. 1/1. Alphabetic index. 527p. ; Vol. 1/2. Subject index. 300 p.
주기에 → 내용:

다단계기술의 경우 예를 들면, 계속자료의 호/부분이나 반복부분을 구성하는 독립적인 물리적 단위는 부록 A를 보라.

7.8 표준번호 및 입수조건에 관한 주기

이 주기는 한정판 또는 한정 배포에 관한 주기를 포함할 수도 있다.

해당 계속자료에서 잘못된 표준번호가 발견되는 경우, 잘못된 표준번호에 관한 주기를 기재한다(필수규정) (8.1.3을 보라).

7.9 성격, 범위 등에 관한 주기

계속자료의 성격, 범위, 그리고 학문적/예술적/물리적 형태에 대한 주기를 기재할 수도 있다.

7.10 기술된 개별자료에 관한 주기

7.10.1 **연속간행물.** 연속간행물의 기술이 창간호를 기초로 하지 않는 경우, 개별자료에 관한 주기를 기재한다(필수규정).

기술의 기반으로 사용된 해당 호의 권호나 일자를 기재한다. 권호는 자료특성사항(제3사항)에 기재되어 있다면, 그 형식대로 기재한다.

예: 주기에 → Description based on: Vol. 3, no. 3 (May/June 1975)

주기에 → Description based on: 43 (19 - 6 - 1996)

주기에 → Description based on: 1964

주기에 → 기술정보원: 제5권 제1호(1985년 1월)

기술에 참고한 최신호에 대한 주기는 (a) 해당 연속간행물의 발행이 중단된 것이 알려지고, 기술을 작성하는 시기에 종간호가 입수되지 않았으며, 다른 정보원을 통해 종간호에 대한 정보를 알 수 없는 경우, (b) 기술을 준비하는 시기에 입수된 것 보다 더 늦은 호가 발행되었는가를 알 수 없는 경우, (c) 나중의 발행호에 대한 정보를 반영하기 위해 기술이 변경된 경우, (d) 기술 정보의 최신성을 보여주고자 하는 경우, 기재할 수도 있다.

예: 주기에 → Latest issue consulted: Nr. 43 (Mai 2001)
주기에 → Description based on: 3rd ed. (1980). Latest issue consulted: 24th ed. (2001)
주기에 → Description based on and latest issue consulted: Vol. 5, no. 11 (Dec. 1977)

7.10.2 **권호가 없는 단행본 총서.** 총서 자체를 기술하는 경우, 참고한 가장 초기의 분출자료(analytic)와 그 발행일 등에 대한 주기를 기재한다. 다른 분출자료들도 참고하여 최신의 분출자료를 확인할 수 있는 경우, 분출자료와 그 발행일도 기재한다.

예: 주기에 → Description based on: The wood demon / by Anton Pavlovich Chekhov ; translated by Nicholas Sauders and Frank Dwyer, 1993. Latest volume consulted: Ibsen : four major plays / translated by Rick Davis and Brian Johnson, 1995

7.10.3 **통합자료.** 기술이 첫 반복부분을 기초로 하지 않은 경우, 기술을 준비하는 중에 참고한 최종 반복부분에 대한 주기를 기재한다.

예: 주기에 → Description based on: 1994 ed., through update 10

7.10.4 **원격접근 전자자료.** 기술할 때 살펴본 전자자료의 일자에 대한 주기를 작성한다.

예: 주기에 → Viewed on Dec. 19, 1999
주기에 → Title from title bar (viewed on Jan. 13, 2000)
주기에 → 2005. 12. 20 검색
주기에 → 본표제는 홈페이지의 표제임: 2005. 2. 10 검색

7.11 기타 주기

목록 이용자에게 중요하다고 생각되는 계속자료의 기술에 대한 특별한 모든 사항을 주기로 기재한다.

8. 표준번호(또는 별도기호) 및 입수조건사항

내용

8.1 표준번호(또는 별도기호) (Standard number(or alternative))

8.2 등록표제 (Key title)

8.3 입수조건 및 가격 (Terms of availability and/or price) (임의규정)

8.4 한정어 (Qualifications) (임의규정)

구두법 유형

A. 표준번호(또는 별도기호) 및 입수조건사항은 마침표, 빈칸, 붙임표, 빈칸(. —)을 앞세워 적는다.

B. 등록표제는 빈칸, 등호, 빈칸(=)을 앞세워 적는다.

C. 입수조건 및 가격은 빈칸, 콜론, 빈칸(:)을 앞세워 적는다.

D. 표준번호(또는 별도기호)나 입수조건 및 가격에 부기된 한정어는 원괄호(( ))로 묶어 적는다.

예시

. — ISSN = key title

. — ISSN = 등록표제

. — Price

. — 가격

. — ISSN = key title : price
. — ISSN = 등록표제 : 가격

. — ISSN (qualification) = key title : terms of availability : price (qualification)
. — ISSN (한정어) = 등록표제 : 입수조건 : 가격 (한정어)

. — ISSN = key title : price (qualification)
. — ISSN = 등록표제 : 가격 (한정어)

. — ISBN (qualification)
. — ISBN (한정어)

. — ISBN : terms of availability : price
. — ISBN : 입수조건 : 가격

. — ISBN (qualification) : price
. — ISBN (한정어) : 가격

지정정보원

모든 정보원

8.1 표준번호(또는 별도기호)

8.1.1 계속자료에 할당된 국제표준연속간행물번호(ISSN)나 국제표준도서번호(ISBN)는 알려져 있는 경우 기재한다. 발행자에 의해 연속간행물의 개별 호/부분에 할당된 ISBN은 연속간행물의 기술에 기재하지 않는다.

8.1.2 표준번호는 관련된 표준에 의거하여 옮겨 적는다.[19]

예: . — ISSN 0075-2363
. — ISBN 0-86325-016-5

8.1.3 표준번호가 해당 계속자료에 잘못 인쇄되어 있고 수정된 표준번호가 알려져 있는 경우, '고침'('corrected')이란 용어나 해당 언어 및 문자의 그에 상응하는 용어를 원괄호로 묶어 함께 적는다. 잘못된 표준번호는 제7사항에 기재한다 (7.8을 보라).

예: . — ISSN 0027-7495 (corrected)
. — ISSN 1235-2635 (고침)

8.1.4 해당 호/부분이나 반복부분에서 발견된 표준번호이외의 다른 번호를 기재할 수도 있다.

예: . — Supt. of Docs. no.: LC 26.3

8.2 등록표제

ISSN Network에 의해 할당된 등록표제는 계속자료의 본표제와 같을 때 기재한다. 그러나 등록표제에 적용되는 ISSN이 기재되어 있는 경우에만 등록표제를 기재한다.

예: . — ISSN 0308-1249 = Medicos (Nottingham)
. — ISSN 0028-5390 = The new Hungarian quarterly
. — ISSN 1011-2073 = Dosegwan : 비매품
. — ISSN 1225-1615 = Munhak kwa eon : ₩60000 (회원가 ₩50000)

19) International Standard ISO 3297 *Documentation - International Standard Serial Numbering(ISSN)*

8.3 입수조건 및 가격 (임의규정)

8.3.1 해당 계속자료의 입수조건에 관한 표시를 기재할 수도 있다. 판매용 계속자료인 경우, 연속적인 단일 호/부분이나 반복부분의 가격이 일정할 때 또는 회원구독이 가능할 때 가격을 기재할 수도 있다. 두 가지 모두 이용할 수 있는 경우 이 두 가지를 모두 기재할 수도 있으며, 이 때에는 단일 호/부분이나 반복부분의 가격을 먼저 기재한다. 가격은 공식적인 통화 표준기호와 함께 숫자로 기재한다.

예: : not for sale
: free loan
: for hire
: annual subscription £4
: FF 1,20 per issue : FF 20 p.a.
: free to University and college staff
: 비매품
: ₩8000 (회원가 ₩5000)
: $450.00 (價格), $45.00 (賃貸)
: ₩6000 (특가 ₩5000)

8.3.2 특별가격을 이용할 수 있는 경우, 정상가격 다음에 원괄호로 묶어 기재한다.

8.4 한정어 (임의규정)

한정어는 보충정보가 필요한 곳에 기재하며, 표준번호(8.1.3을 보라)와 가격(8.3.2를 보라)에 부기한다.

갱신되는 가제식 자료의 경우, 한정어 '(가제식 자료)' 또는 해당 언어의 그에 상응하는 용어를 부기한다.

예: . — ISBN 0 - 86325 - 016 - 5 (loose - leaf)
편집자주: 해당 기술자료는 통합자료임

부　록

부록 A : 다단계기술

다단계기술(multi-level description)은 일부의 서지기술에 대한 여러 선택안 중의 하나이다. 단일단계의 서지기술로 이어지는 다양한 선택안의 실례로서만, 다음의 예를 보라.

1. 해당 부분에 공통적인 표제를 본표제로 하고, 각 부분의 표제를 내용주기에 기재하는 특정 기술(7.7을 보라).
2. 각 부분의 표제를 각각 본표제로 하고, 해당 부분에 공통적인 표제를 총서사항에 기재하는 특정 기술.
3. (a) 해당 부분에 공통적인 표제와 (b) 각 부분의 각각의 표제를 조합한 것을 본표제로 하는 특정 기술(1.1.3.6을 보라).
4. 구성요소 분석을 나타내는 특정 기술(IFLA의 *Guidelines for the Application of the ISBDs to the Description of Component Parts*를 보라).

다단계기술은 서지기술정보를 둘 이상의 단계로 나누는 데에 근거를 두고 있다. 첫 번째 단계는 전체 또는 상위 출판물에 공통적인 정보를 수록한다. 두 번째 또는 그 이하의 단계에서는 각 권 또는 기타 단위에 관련된 정보를 수록한다. 그 과정은 해당 출판물과 그 부분들을 완전히 기술하기 위해 필요한 만큼의 다수 단계로 수행된다.

각각의 단계에서 기술의 요소들은 하나로 된 출판물(unitary publication)과 같은 동일한 순서와 동일한 구두법으로 기재한다. 어떤 요소는 둘 이상의 단계에서 기술할 수도 있다. 어떤 권이나 부문, 또는 하위총서 표제 앞에 번호 또는 부문/하위총서 권호표시가 있는 경우, 이 두 표시는 콜론으로 구분한다.

다단계기술

요소	1차 출판단계	2차 단계
1.1 본표제 (공통표제, 종속표제 권호표시, 종속표제)	Bibliographie de la France Biblio	1ére partie: Bibliofraphie officielle
1.2 일반자료표시		[Printed text]
1.3 표제관련정보	: journal officiel du livre français paraissant tous les mercredis	: publications reçues par le Service du dépôt légal
1.4 책임표시		/ notices établies par la Bibliothèque nationale
3 권호		. — 1975, no. 1-
4.1 발행지	. — Paris	
4.2 발행처명	: Cercle de la librairie	
4.4 발행일		. — 1975-
4.5 인쇄지		(Nancy
4.6 인쇄처명		: Berger-Levrault)
5.3 크기	. — 23 cm	
7 주기	1975년에 2개의 개별 연속간행물로 분리됨	On the title page of this section: Bibliographie de la France. 1ére partie. — Includes: Numéro hebdomadaire, Livres, and 4 suppl.: 1, Publications en série; 2, Publications officielles; 3, Musique; 4, Atlas, cartes et plans
8.1 ISSN		ISSN 0335-5667
8.2 등록표제		= Bibliographie de la France. 1ére partie, Bibliofraphie officielle
8.3 가격		: France and French- speaking countries FF 500 p.a. (Foreign countries FF 550 p.a.)

ISBD(CR)에서 다단계기술의 적용은 다음과 같다.

1. 다권호(다권본) 연속간행물과 같이 물리적으로 독립된 단위의 기술(7.7을 보라).
2. 다른 출판물의 보유자료 또는 딸림자료가 되는 물리적으로 독립된 단위의 기술(5.4.3과 7.7을 보라).
3. 공통표제와 종속표제로 구성된 연속간행물 표제의 기술.
4. 총서사항내에 연대적 순서를 갖는 연속간행물의 기술.

부록 B : 양방향 레코드

양방향 레코드(bi-directional records)는, 왼쪽에서 오른쪽으로 쓰는 문자와 오른쪽에서 왼쪽으로 쓰는 문자로 이루어진 다문자 레코드(multi-script records)이다.

해당 요소 내에서 문자의 방향이 변경되지 않으면, 문자의 각 변경은 적당한 여백을 두고 기술의 새로운 행에서 시작한다. 지정된 구두점은 해당 문자에서 요구되는 스타일의 새로운 요소가 시작될 때 기재하며, 다만 해당 문자에서 요구되는 스타일에서 이전 요소의 마지막에 기재되는 지정된 마침표, 쉼표 또는 세미콜론은 예외이다(0.4 구두법도 보다). 따라서 마침표, 빈칸, 붙임표, 빈칸(. —) 중의 마침표는 이전 요소를 종결하고, 붙임표는 적당한 여백을 두고 새로운 행에서 다음 요소를 시작하게 된다.

- 오른쪽에서 왼쪽으로 읽는 Jawi 문자(Jawi script)의 예시:

예 1:

سبر جمعه. – تاهون 1، بيل. 1، (سڤتيمبر 1980)-
. – كوالا لمفور : بهڬين اڬام، جباتن فردانا منتري.
1980-   . – جيليد ؛ 31 سينتي ميتر.
دوبيلنن.
فرچوما.

예 1은 Jawi 문자에서 사용되고 있는 ISBD의 좌우 대칭형태(mirror image) 구두법 즉, 쉼표와 세미콜론을 나타낸 것이다. 이 예는 구두법(마침표, 빈칸, 붙임표, 빈칸)에 대한 Jawi 문자의 구두법 유형도 제시하고 있다. 각 새로운 사항은 빈칸, 붙임표, 빈칸, 마침점(— .) 다음에 기재한다.

예 2:

Ar – Ridzwan.

= الرضوان / جتابن حال احوال اگام فيرق.

— Bil. 1 (Dis. 1978) – . — Ipoh : Jabatan Hal Ehwal Agama Perak, 1978 – .

– جيليد : ايلوستراسيع 27 سينتى ميتر

예 2는 로마 문자(왼쪽에서 오른쪽으로)의 본표제와 Jawi 문자(오른쪽에서 왼쪽으로)의 대등표제 및 저자표시가 있는 레코드를 나타낸 것이다. 발행사항은 로마 문자이다.

예 3:

بريتا فماسران

= Berita pemasaran

/ لمبگ فماسران فرتانين فرسكتوان. – بيلاغن 1ع
(ديسمبر 1981)-

Petaling Jaya : Jabatan Perkembangan Pasaran, Lembaga Pemasaran Pertanian Persekutuan, 1981 –

جيليد السبراسى وارن ع 26 سينتيميتر
سوكو تاهونن
فرچوما انتوق اهلى

예 3은 Jawi 문자(오른쪽에서 왼쪽으로)의 본표제와 로마 문자(왼쪽에서 오른쪽으로)의 대등표제가 있는 레코드를 나타낸 것이다. 저자표시와 권호사항은 Jawi 문자이지만, 발행사항은 로마 문자이다.

예 4:

Al-Nahdah

= النهضة.

— Vol. 1, no. 1(Mar. 1981)- . — Kuala Lumpur : Al-Nahdah, 1981- . — J. : il. ; 26 cm.

Suku tahunan.

$3.00 sekeluaran : $10.00 setahun

예 4는 로마 문자(왼쪽에서 오른쪽으로)의 본표제와 Jawi 문자(오른쪽에서 왼쪽으로)의 대등표제를 갖고 있는 레코드를 나타낸 것이다.

예 5:

Seruan

= سروان.

: keluaran khas Persatuan Kebajikan Pekerja-Pekerja Islam L.L.N. — [1978]- . — [Kuala Lumpur : Persatuan Kebajikan Pekerja-Pekerja Islam L.L.N., 1978]- . — Il.; 28 cm

Tahunan.

ISSN 0127-0648 = Seruan: Percuma untuk ahli

예 5는 다문자로 된 출판물에서 콜론과 같은 구두법의 사용을 나타낸 것이다. 이 예에서 콜론은 표제관련정보보다 앞선다.

- 히브리 문자(Hebrew script)의 예시:

המבקר

= Hamvaker.

-742 ,אלול 15 -

Vol. 1, no. 32 (Sept. 3, 1982) -

[1982-] ,המבקר-לירף בע"ם : -

= Los Angeles, CA : Hamvaker - Learaf Inc., [1982-

연대표시는 양쪽 문자로 나타나 있지만, 권호표시(vol., no.)는 영어로만 나타나 있다. 발행지와 발행자가 모두 영어로 나타나 있지만, 발행자는 히브리 문자로도 나타나 있다.

- 아랍 문자(Arabic script)의 예시:

الكتاب الاحصائي السنوي.

= Statistical yearbook.

١٩٧٦- -

= 1976 - .

- ابو ظبي، الامارات العربية المتحدة

= Abu Dhabi, U.A.E.

: الشعبة الاحصائية، دائرة التخطوط

= Statistical Section, Dept. of Planning

[-1977] = [-١٩٧٧] ،

부록 C : 예 시

인쇄자료(Printed text)

1a. Les 600 noms de la communication. — [19]84-85- . — [France?] : INA ; toulouse : Privat, cop. 1984- . — vol. ; 24 cm.

Annuel. — Titre développé: Les six cent noms de la communication.

1b. 충북통계연보 = Statistical year book of Chung Buk / 충청북도 통계담당관실 편. — 1978- . — [청주] : 충청북도, 1978- . — 책 : 삽화, 차트 ; 27 cm.

연간. — 부록수록.

2a. Aranzadi social. — Pamplona : Aranzadi. — vol. ; 25 cm.

Trimestral. — Acumula la publicación semanal (quincenal a partir de abr. 1991) del mismo tít. — Son suplementos de esta publicación: Aranzadi social. Índices auxiliares = ISSN 1139-0611, y: Estudio sistemático de la jurisprudencia recaída en unificación de doctrina = ISSN 1139-062X. — Fusión de: Tribunales Superiores de Justicia. Social. Madrid = ISSN 1136-6915; y de: Tribunales Superiores de Justicia. (Pamplona) = ISSN 1136-6923. — Comenzó con: 1991, vol. 1. — Descripción basada en: 1991, vol. 2.

ISSN 1131-5369 = Aranzadi social

2b. E-info : energy, economy, environment / 에너지관리공단 [편]. — 제1권 (2000년 3월)- . — 서울 : 에너지관리공단 부설 에너지자원기술개발센터, 2000- . — 책 : 29 cm.

계간. — 에너지·자원 기술정보, 창간호 (1994년 4월)-통권23호 (1999년 10월)와 해외정보를 합병.

3a. Aranzadi social : revista semanal. — N. 1 (en. 1991)- . — Pamplona : Aranzadi, 1991- . — vol. ; 24 cm.

Semanal; quincenal (abr. 1996-). — Se acumula trimestralmente.

ISSN 1139-031X = Aranzadi social (Ed. quincenal)

3b. 經濟史 — 北京 : 中國人民大學書報資料中心, [19--]- . — 册 : 插畵 ; 27 cm.

격월간 (연6회, 7회, 8회 간행되는 경우도 포함); 월간, -1993년 12월.

ISSN 1001-3389 = 經濟史

4a. Årbog / udgiven af Poe-klubben. — København : Spektrum. — vol. : ill. ; 23 cm.

Published also in Swedish with title: Årsbok. — Description based on: 1967-68.

4a'. Årsbok / utgiven af Poe-klubben. — Stockholm : Bonniers. — vol. : ill. ; 23 cm.

Translation of: Årbog / udgiven af Poe - klubben. — Description based on: 1965.

4b. LAN times. — Provo, Utah : Novell, - 1998. — v. : ill. ; 36 cm.

Published also in Swedish with Korean title: Lan times. — Description based on: Vol. 5, issue 2 (Mar. 1988).

4b'. Lan times / 정보시대 편. — 통권1호 (1996. 4) - . — 서울 : 정보시대, 1996 - 1998. — 책 : 삽화 ; 28 cm.

LAN times의 번역. — 기술정보원: 통권2호.

5a. The Baker Street journal. Christmas annual. — 1956 - 1960. — Morristown (N. J.) : Baker Street Irregulars, 1956 - 1960. — 5 vol. : ill. ; 22 cm.

Title from cover.

5b. 建設交通統計年報. 建設部門. — 1995 - 1999. — [과천] : 교통부, 1995 - 1999. — 6책 : 삽화, 도표 ; 26 cm.

연간. — 대등표제: Yearbook of construction & transportation statistics.

6a. Blackwood's Edinburgh magazine. — Vol. 1, no. 1 (Apr. 1817) - vol. 178, no. 1082 (Dec. 1905). — Edinburgh : William Blackwood ; London : T. Cadell and W. Davis, 1817 - 1905. — 178 vol. : ill. ; 22 - 24 cm.

Monthly. — Title from caption. — Indexed in: Poole's index to periodical literature. — Indexed in: Reader's guide to periodical literature. —

Indexes: Vol. 1－50. 1 vol. — Issued also in New American ed., beginning in 1833. — Continued by: Blackwood's magazine.

6a'. Blackwood's magazine. — Vol. 179, no. 1083 (Jan. 1906)－vol. 328, no. 1982 (Dec. 1980). — London : William Blackwood, 1906－1980. — 150 vol. : ill. ; 23 cm.

Title from cover. — Indexed in: Reader's guide to periodical literature. — Indexed in: America, history and life, 1972－1980. — Indexed in: Historical abstracts. Part A, Modern history abstracts, 1972－1980. — Indexed in: Historical abstracts. Part B, Twentieth century abstracts, 1972－1980. — Continues: Blackwood's Edinburgh magazine.

ISSN 0006－436X = Blackwood's magazine

6a''. Blackwood's Edinburgh magazine. — New American ed. — New York : J. Mason, [1833]－. — vol. ; 23 cm.

Monthly. — Contains its own volume numbering in addition to the numbering of the original. — Some issues called: American ed. — Description based on: Vol. 22 (Jan.－June 1842); title proper taken from vol. t.p.

6b. 季刊美術. — 제1권 제1호 (1976년 11월)－제13권 제3호 (1988년 9월). — 서울 : 東亞放送, 1976. — 13책 : 삽화 ; 23 cm.

계간. — 月刊美術, 제1권 제1호 (1989년)－ 로 개제. — 발행처: 중앙일보사, 제5권 제4호 (1980년 겨울)－ . — 색인: 제1권 제1호 (1976년 11월)－제4권 제3호 (1979년 10월)가 제4권 제4호 (1979년 10월)에 수록.

6b'. 月刊美術. — 1989- . — 서울 : 월간미술, 1989- . — 책 : 삽화 ; 29 cm.

월간. — 季刊美術, 제1권 제1호 (1976년 11월)-제13권 제3호 (1988년 9월)를 개제.

ISSN 1227-3120

7a. Blueprint. — Vol. 1, issue 1 (5 Oct. 2000)- . — Oxford : University of Oxford, 2000- . — vol. ; 30 cm.

Four times each term. — "The newsletter of the University of Oxford". — Free to University and college staff. — Also available online. Mode of access: World Wide Web URL: http://www.ox.ac.uk./blueprint/

7b. 영대도서관소식 = Yeungnam University Library newsletter. — 제1호 (1994년)- . — 대구 : 영남대학교 중앙도서관, 1994- . — 책 ; 26 cm.

반년간 (4, 10월). — 온라인으로도 이용가능. 접속모드: World Wide Web URL: http://libs.yu.ac.kr/~news

ISSN 1228-274X : 비매품

8a. Boletín de la Real Sociedad Económica Matritense de Amigos del País. — 1 (en./marzo 1986)-10/11 (nov. 1988). — Madrid : Real Sociedad Económica Matritense de Amigos del País, 1986-1988. — 11 n. ; 24 cm.

Continuada por: Torre de los Lujanes = ISSN 1136-4343.

ISSN 1136-4408 = Boletín de la Real Sociedad Económica Matritense de Amigos del País

8a'. Torre de los Lujanes / Real Sociedad Económica Matritense de Amigos del País. — 12 (abr. 1989)-. — Madrid : Real Sociedad Económica Matritense de Amigos del País, 1989- . — vol. ; 24 cm.

En continuación de: Boletín de la Real Sociedad Económica Matritense de Amigos del País = ISSN 1136-4408.

ISSN 1136-4343 = Torre de los Lujanes

8b. 空氣調和冷凍工學 / 공기조화냉동공학회 편. — 서울 : 공기조화냉동공학회, 1972-1999. — 책 : 삽화 ; 26 cm.

격월간. — 설비저널, 제29권 (2000)- , ISSN 1225-6430로 개제.

ISSN 1225-1712

8b'. 설비저널 / 대한설비공학회 편. — 제29권 제1호 (2000년 2월)- . — 서울 : 대한설비공학회, 2000- . — 책 : 삽화 ; 26 cm.

격월간; 월간, 제30권 제1호 (2001년 1월)- . — 空氣調和冷凍工學, 창간호(1972년)-제28권 제6호 (1999년 12월), ISSN 1225-1712를 개제.

ISSN 1225-6430

9a. Boletín de la Sociedad Española para la Defensa del Patrimonio Geológico y Minero. — N. 1- . — Madrid : Escuela Técnica Superior de Ingenieros de Minas, 1995- . — vol. ; 30 cm.

Semestral. — Tít. tomado de la cub. — Variante del tít.: Boletín S.E.D.P.G.Y.M.

ISSN 1577-9033 = Boletín de la Sociedad Española para la Defensa del Patrimonio Geológico y Minero

9b. 직업과 인력개발 = Vocation & human resource development / 한국직업능력개발원. — 제3권 제1호 (2000년 2월)- . — 서울 : 한국직업능력개발원, 2000- . — 책 ; 25 cm.

격월간. — 대등표제: The HRD Review. — 표제관련정보: 총체적 학습사회를 선도하는 전문지. — 직업교육훈련, 창간호 (1998년 9월)-제2권 제4호 (1999년 12월)를 개제.

ISSN 1228-8926

10. Brecht-Jahrbuch / herausgegeben von John Fuegi ... [et al.]. — Frankfurt am Main : Suhrkamp Verkag. — Bd. : ill. ; 18 cm. — (Edition Suhrkamp, ISSN 0422-5821).

Erscheint jährlich. — Beiträge teilweise deutsch, teilweise englisch. — Fing mit dem Bd. für 1974 an; mit dem Bd. für 1980 geschlossen. — Vorgänger: Brecht heute = 0341-9428. — Aufnahme nach: 1976.

ISSN 0341-9526 = Brecht-Jahrbuch : DM 6.00 (Einzelbd.)

11a. Bulletin de documentation et d'information / Union européenne de radiodiffusion. — Vol. 1, n° 1 (15 mai 1950)-vol. 4, n° 22 (15 nov. 1953). — Genève : U.E.R., [1950-1953]. — 4 vol. : ill. ; 30 cm.

Devient: Bulletin de l'U.E.R.

11a'. Bulletin de l'U.E.R. / Union européenne de radiodiffusion. — Vol. 5, n° 23 (janv.-févr. 1954)-vol. 8, n° 46 (nov.-déc. 1957). — Genève : U.E.R., [1954-1957]. — 4 vol. : ill. ; 30 cm.

Fait suite à: Bulletin de documentation et d'information / Union européenne de radiodiffusion. — Scindé en: Revue de l'U.E.R. Cahier A, Technique = ISSN 0421-6741; et:: Revue de l''U.E.R. Cahier B, Informations générales et juridiques.

11a''. Revue de l''U.E.R. Cahier A, Technique : publication bimestrielle / éditée par le Centre technique de l'Union européenne de radiodiffusion (U.E.R.). — N° 47 (janv. 1958)- . — Bruxelles : U.E.R., [1958]- . — no. : ill. ; 30 cm.

Fait suite après scission à: Bulletin de l''U.E.R.

11a'''. Revue de l'U.E.R. Cahier B, Informations générales et juridiques : publication bimestrielle / éditée par l'Office administratif de l'Union européenne de radiodiffusion. — N° 47 (févr. 1958)-. — Genève : U.E.R., [1958]- . — no : ill. ; 30 cm.

Fait suite après scission à: Bulletin de l''U.E.R.

11b. 대한전자공학회지 = Journal of the Korean institute of electronics engineers / 대한전자공학회 편. — 서울 : 대한전자공학회, 1966-1986. — 책 : 삽화 ; 26 cm.

계간, -제7권 제4호 (1970년 12월); 격월간, 제8권 제1호 (1971년 6월)-. — 電子工學會論文誌, 제23권 제2호 (1986년 3월)- 로 개제.

11b'. 電子工學會論文誌 = Journal of the Korean institute of telematics and electronics / 대한전자공학회 편. — 서울 : 대한전자공학회, 1986- . — 책 : 삽화 ; 26 cm.

격월간, -제24권 제6호 (1987년 11월); 월간, 제25권 제1호 (1988년 1월)- . — 전자공학회지, 1966년-1986년을 개제. — 電子工學會論文誌. A와 電子工學會論文誌. B로 분리.

11b''. 電子工學會論文誌. A = Journal of the Korean institute of telematics and electronics / 대한전자공학회 편. — 제28권 제1호 (1991년)- . — 서울 : 대한전자공학회, 1991- . — 책 : 삽화 ; 26 cm.

월간. — 電子工學會論文誌로부터 분리.

11b'''. 電子工學會論文誌. B = Journal of the Korean institute of telematics and electronics / 대한전자공학회 편. — 제28권 제1호 (1991년)- . — 서울 : 대한전자공학회, 1991- . — 책 : 삽화 ; 26 cm.

월간. — 電子工學會論文誌로부터 분리.

12. Camel forum. Working paper. — No. 1- . — Mogadishu (Somali) : Somali Academy of Science and Arts, 1983- . — vol. : maps ; 30 cm.

Title from cover. — in English; some vol. have abstracts in Somali. — Reports originate from: Somali Camel Research Project.

13. Cahiers Maynard. — [Saint Georges-sur-Loire (France) : Association des amis de Maynard]. — vol. : ill. ; 29 cm.

Annuel. — A commencé avec: N° 7 (1977). — Fait suite à: Cahier - Association des amis de Maynard, ISSN 0422-5821. — Description basée sur: N° 8 (1978).

14a. Canadian books in print = Catalogue des livres canadiens en librairie. — 1967 - 1974. — Toronto : University of Toronto Press, 1968 - 1975. — 8 vol. ; 26 cm.

Annual. — English title only, 1973 - 1974. — Text in English and French, 1967 - 1972. — Continued by Canadian books in print. Author and title index = ISSN 0068 - 8398.

ISSN 0702 - 0201 = Canadian books in print

14a'. Canadian books in print. Author and title index. — 1975 - . — Toronto : University of Toronto Press, 1977 - . — 26 cm.

Annual. — Continues: Canadian books in print = ISSN 0702 - 0201.

ISSN 0068 - 8398 = Canadian books in print. Author and title index

14a''. Subject guide to Canadian books in print. — 1973 - 1974. — Toronto : University of Toronto Press, 1974 - 1975. — 2 vol. ; 26 cm.

Annual. — Continued by: Canadian books in print. Subject index = ISSN 0315 - 1999.

ISSN 0318 - 8493 = Subject guide to Canadian books in print

14a'''. Canadian books in print. Subject index. — 1975 - . — Toronto : University of Toronto Press, 1976 - . — vol. ; 26 cm.

Annual. — Continues: Subject guide to Canadian books in print = ISSN 0318 - 8493.

ISSN 0315 - 1999 = Canadian books in print. Subject index

14b. 生藥硏究所業績集 = Annual report of natural products research institute Seoul National University / 서울대학교 생약연구소 편. — 제1권 (1962) - 제31권 (1992). — 서울 : 서울대학교, 1962 - 1992. — 31책 : 삽화 ; 26 cm.

연간. — 天然物科學論叢, 제1권 (1993년) - , ISSN 1225 - 5815로 개제.

14b'. 天然物科學論叢 = Annual report of natural products sciences / 서울대학교 천연물과학연구소. — 제1권 (1993년) - . — 서울 : 서울대학교 천연물과학연구소, 1993. — 책 : 삽화 ; 27 cm.

연간. — 生藥硏究所業績集, 제1권 - 제31권을 개제.

14c. 데이터베이스월드 = The database world / 한국데이터베이스진흥센터 편. — 통권1호 (1993년) - 통권84호 (2000년 5월). — 서울 : 한국데이터베이스진흥센터, 1993 - 2000. — 84권 : 삽화 ; 26 cm.

월간. — 연9회, 10회, 11회 간행되는 경우도 있음. — Digital Contents, 통권85호 (2000년 6월) - , ISSN 1599 - 0036으로 개제.

ISSN 1227 - 8300 = 데이터베이스월드

14c'. Digital Contents = 디지털콘텐츠 / 한국데이터베이스진흥센터 편. — 통권85호 (2000년 6월) - . — 서울 : 한국데이터베이스진흥센터, 2000 - . 책 : 삽화 ; 26 cm.

월간. — 데이터베이스월드, 통권1호 (1993년) - 통권84호 (2000년 5월), ISSN 1227 - 8300을 개제.

ISSN 1599 - 0036 = Digital Contents

15a. Canadian journal of African studies = Le journal canadien des études africaines / Committee on African Studies in Canada ; editor Donald C. Savage. — No. 1 (Mar. 1967)- . — Montreal (2141 Sherbrooke Street West, H3H 1G6) : Loyola College, [1967]- . — 25 cm.

Two no. per year. — Title proper taken from cover. — Text in English and French.

ISSN 0008-3968 = Canadian journal of African studies : $5. per year (Great Britain £1.50, France FF 23)

15b. 영어영문학연구 = The journal of the English language and literature / 충북영어영문학회 편. — 제29호 (1988년 5월)- . — 청주 : 충북영어영문학회, 1988- . — 책 : 삽화 ; 23 cm.

반년간; 연간, 제29호 (1988년 5월)-제37호 (1995년 10월). — 저작자변경: 한국영어영문학회 충북지회, 제29호 (1988년 5월)-제38권 제1호 (1996년 5월); 충북영어영문학회, 제38권 제2호 (1996년 10월)- . — 본문은 한국어와 영어.

ISSN 1226-8682

16. CheD : Chemie, Experiment + Didaktik : Zeitschrift für Lehrende und Lernende. — Stuttgart : Thieme. — Bd. : ill. ; 30 cm.

Erscheint monatlich. — Fing mit Bd. 1, H. 1 für Jan. 1975 an. — Aufnahme nach: Bd. 2, H. 4 (Apr. 1976).

ISSN 0340-3335 = CheD. Chemie, Experiment + Didaktik : DM 5.50 (Einzelh.) : DM 48.00 (jährl.)

17a. Chronicle / St Hugh's College. — [Oxford?] : Association of Senior

Members. — vol. : ill. ; 23 cm.

Annual. — No. 58 - 68 have spine title: St Hugh's chronicle; no. 69 - have cover and spine title: St Hugh's College chronicle. — No. 58 includes: Centenary supplement / St Hugh's College. 32 p., [4] p. of plates ; col. ill. ; 22cm. — Description based on: No. 54 (1981 - 1982).

17b. 월간미술공예 = Art & crafts. — 제1권 통권1호 (1992년 3월) - 제4권 통권83호 (1995년 2월). — 서울 : 디자인하우스, 1992 - 1995. — 83책 : 삽화 ; 30 cm.

월간. — 난외표제: 아트 & 크래프트. — 권호차: 통권74호 (1994년 5월)부터 월간공예와 통권호로 간행. — 색인: 월간공예, 1988년 3월 - 1994년 2월호까지의 총목차가 제4권 통권83호 (1995년 2월)에 수록. — 기술정보원: 제4권 통권83호 (1995년 2월).

18. Confectionery manufacturers / Statistics Canada, Industry Division, Census of Manufactures Section = Fabricants de confiserie / Statistique Canada, Division de l'industrie, Section du recensement des manufactures. — Ottwa : Statistics Canada, Industry Division, Census of Manufactures Section. — vol. ; 28 cm. — (Annual census of manufactres = Recensement annuel des manufactres).

Annual. — Text in English and French. — Continues: Confectionery industry = ISSN 0527 - 4966. — Description based on: 1984.

ISSN 0575 - 8246 = Confectionery manufacturers : $21.00

19a. Đa hiêu. — Fairfax (VA) : Đa Hiêu. — vol. : ill. ; 21 cm.

"Cò quan ngôn luân cùa Tống Hối Cựu SVSQ Trường Võ Bi Quốc Gia Việt Nam". — Issues 46 - available online. Mode of access: World Wide Web. URL http://www.vobi-vietnam.org/dahieu.htm. — Description based on: 43 (19-6-1996); title from cover.

19b. 國際經濟研究 = Kukje Kyungje Yongu / 韓國國際經濟學會 [編]. — 제1권 제1호 (1995년 10월) - . — 서울 : 韓國國際經濟學會, 1995 - . — 책 ; 25 cm.

반년간. — 온라인으로 이용가능. 접속모드: World Wide Web. URL http://search.koreanstudies.net. — 기술정보원: 제11권 제3호 (2005년).

20. Danmarks 1000 største virksomheder = The 1000 largest companies in Denmark. — [København] : Teknsik Forlag. — vol. ; 30 cm.

Årlig. — Fortsættelse af: Danmarks 500 største virksomheder = ISSN 0419-9472. — Begyndte med 6. udg. i 1973. — Beskrivelsen baseret på: 8. udgave (1975).

ISSN 0105-0311 = Danmarks 1000 største virksomheder : kr 161.00

21a. Drapers' Company research memoirs. Biometric series [Printed text] / Department of Applied Mathematics, University College, University of London. — 1-12. — London : Dulau and Co., 1904-1922. — 11 vol. : ill. ; 31 cm.

Issued by: Department of Applied Statistics, 1912-1922. — Published by: Cambridge University Press, 1905-1922. — No. 5 not published.

21a'. Drapers' Company research memoirs. Biometric series [Microform] /

Department of Applied Mathematics, University College, University of London. — 1-12. — Cambridge (Mass.) : Harvard College Library Imaging Services, 1999. — 3 microfilm reels : negative ; 35 mm.

Originally published: London : Dulau and Co., 1904-1922. — 11 vol. : ill. ; 31cm. — Issued by: Department of Applied Statistics, 1912-1922. — Published by: Cambridge University Press, 1905-1922. — No. 5 not published.

22a. Elmélet és politika : információs szemle / Tudományos Szocializmus Információs és Továbbiépzési Intézet ; [fel,szerk. Simon Péter ; szerk. Meszerics Istvánné]. — Kísérleti szám (1973.dec.) ; 1. évf. 1. sz. (1974) - 17. évf. 1. sz. (1990) . — [Budapest] : NIM Ipargazdasági és Üzemszervezési Intézet, 1974-1990. — 23 cm.

22b. 여성저널. — 창간준비호 (1994년 3월 5일) ; 창간호 (1994년 4월) - . — 광주 : 여성종합교양지, 1994- . — 책 ; 30 cm.

월간.

23. European journal of cancer = Journal européen de cancérologie = Europäische Zeitschrift für Cancerologie. — Vol. 1, no. 1 (June 1965)- , — Oxford [etc.] : Pergamon, 1965- . — vols. ; 29 cm.

Quarterly. — Title proper taken from cover.

ISSN 0014-2964 = European journal of cancer : £14 per annum

24a. Lincoln, Nebraska, directory. — 1907-1911. — Lincoln (Neb.) : J. North, cop. 1907-[1911]. — 5 vol. ; 24 cm.

Annual. — Continues: Polk-McAvoy Directory Co.'s Lincoln city directory. — Continued by: Lincoln city directory.

24a'. Lincoln city directory. — 1912-1923. — Lincoln : Lincoln City Directory Co., cop. 1911-cop. 1923. — 12 vol. ; 24 cm.

Annual. — Continues: Lincoln, Nebraska, directory. — Continued by: R.L. Polk & Co's Lincoln city directory.

24a''. R.L. Polk & Co's Lincoln city directory. — 1924. — [Lincoln (Neb.)] : R.L. Polk & Co., cop. 1924. — 1 vol. ; 24 cm.

Continues: Lincoln city directory. — Continued by: Polk's Lincoln city directory.

24a'''. Polk's Lincoln city directory. — 1925-1927. — Kansas City (Mo.) : R.L. Polk & Co., cop. 1926-cop. 1927. — 2 vol. ; 24 cm.

Annual(varies). — Vol. for 1927 has date on spine: 1926-27. — Continues: R.L. Polk & Co's Lincoln city directory. — Continued by: Polk's Lincoln (Nebraska) city directory.

24a''''. Polk's Lincoln (Nebraska) city directory. — 1928-1933. — Detroit (Mich.) : R.L. Polk & Co., cop. 1928-cop. 1932. — 6 vol. ; 27 cm.

Annual. — Continues: Polk's Lincoln city directory. — Continued by: Polk's Lincoln (Lancaster County, Neb.) city directory.

24a'''''. Polk's Lincoln (Lancaster County, Neb.) city directory. — 1934-1973. —

Kansas City (Mo.) : R. L. Polk & Co., cop. 1934-[1974?]. — vol. : ill. ; 27 cm.

Annual. — Vols. for 1943, 1944, 1946, 1948, 1952, and 1957 not published? — Continues: Polk's Lincoln (Nebraska) city directory. — Continued by: Lincoln (Lancaster County, Neb.) city directory. — 27-30 cm.

24b. 圖協月報 / 한국도서관협회 편. — 제1권 제1호 (1960년 3월)-제21권 제9호 (1980년 12월). — 서울 : 한국도서관협회, 1960-1980. — 21책 : 삽화 ; 26 cm.

월간. — 圖書館研究, 제22권 제1호 (1981년 1월)-제22권 제6호 (1981년 12월)로 개제.

24b'. 圖書館研究 / 한국도서관협회 편. — 제22권 제1호 (1981년 1월)-제22권 제6호 (1981년 12월). — 서울 : 한국도서관협회, 1922. — 1책 : 삽화 ; 26 cm.

격월간. — 圖協月報, 제1권 제1호 (1960년 3월)-제21권 제9호 (1980년 12월)를 개제. — 圖協會報, 제23권 제1호 (1982년 1월)-제28권 제6호 (1987년 12월)로 개제.

24b''. 圖協會報 / 한국도서관협회 편. — 제23권 제1호 (1982년 1월)-제28권 제6호 (1987년 12월). — 서울 : 한국도서관협회, 1982-1987. — 6책 : 삽화 ; 26 cm.

격월간. — 圖書館研究, 제22권 제1호 (1981년 1월)-제22권 제6호 (1981년 12월)를 개제. — 圖書館文化, 제29권 제1호(1988년 1월)- , ISSN 1225-5521로 개제.

24b'''. 圖書館文化 = KLA bulletin / 한국도서관협회 편. — 제29권 제1호

(1988년 1월) - . — 서울 : 한국도서관협회, 1988 - . — 책 : 삽화 ; 26 cm.

격월간. — 圖協會報, 제23권 제1호 (1982년 1월) — 제28권 제6호 (1987년 12월)를 개제.

ISSN 1225 - 5521

25a. International hotel review = Revue de l'hôtellerie internationale : the business magazine for international hotel management. — Redhill : International Trade Publications. — vol. ; 30 cm.

Quarterly. — Title proper taken from cover. — Description based on: Mar. - June 1978.

ISSN 0020 - 6911 = International hotel review : $25.00 per annum

25b. 歷史社會哲學 = History, society, philosophy : journal of Chaemun Institute / 彩文硏究所. — 제1집 (1989년) - 제5집 (1991년 2월). — 전주 : 彩文硏究所, 1989 - 1991. — 5책 ; 23 cm.

반년간. — 역사와 사회, 제6집 (1991년 9월)으로 개제. — 기술정보원: 제4집 (1990년 9월).

26a. Der Kreis [Printed text] = Le cercle. — Zürich : [s.n., 1933 - 1967]. — vol. : ill. ; 23 cm.

Monthly. — Some issues have also title in English: The circle. — Began publication in 1933. Ceased with issue for Dez. 1967. — Chiefly German, with some articles in French or English. — Includes separately paged insert: Das kleine Blatt = Le petite feuille. — Description based on: 14. Jahrg., Nr. 2 (Feb. 1946); title proper taken from cover.

26b. Archivum histologicum Japonicum = Nippon soshikigaku kiroku. — Vol. 1, no. 1 (1950)-vol. 50 (1987). — Niigata [etc.] : Japan Society of Histological Documentation, 1950-1987. — 50 v. : ill ; 24 cm.

Five no. yearly. — 축약표제: Arch. histol. jpn. — 본문은 영어, 불어, 독일어, 일본어. — Archives of histology and cytology, ISSN 0914-9465로 개제. — 수록색인지: Index medicus, 0019-3879 ; Biological abstracts, 0006-3169 ; Chemical abstracts, 0009-2258 ; Excerpta medica ; Life sciences collection.

ISSN 0004-0681 = Archivum histologicum japonicum

27. Leer. — N. 1 (21 jun. 1985)- . — Madrid : Ediciones Intemporales, 1985- . — vol. ; 30 cm.

Trimestral. — Tit. tomado de la cub. — Desde el n. 1 hasta el n. 74 va cambiando de tít. de acuerdo con las estaciones del año: Leer en primavera; Leer en verano; Leer en otoño; Leer en invierno. — A partir del n. 75 (invierno 1997) lleva el subtít.; El magazine literario.

ISSN 1130-7676 = Leer (Madrid)

28. Library of Congress subject headings. — 8th ed.- . — Washington : Library of Congress, 1975- . — vol. ; 31 cm.

Irregular, 8th ed.-10th ed.; annual, 11th ed.- . — Prepared by: Library of Congress, Subject Cataloging Division, 1975-1988; Library of Congress, Office for Subject Cataloging Policy, 1990-1992; Library of Congress, Cataloging Policy and Support Office, 1993- . — Issued in 2 vol., 8th ed.-10th ed.; in 3 vol., 11th ed.-15th ed.; in 4 vol., 16th ed.-

20th ed.; in 5vol., 21st ed.- . — Updated by quarterly and annual supplements, 8th ed.-10th ed. — Continues: Subject headings used in the dictionary catalogs of the Library of Congress.

ISSN 1048-9711 = Library of Congress subject headings

29a. Los Angeles advocate. — Vol. 1, no. 1 (Sept. 1967)-vol. 4, no. 5 (Apr. 29-May 12, 1970) = [Issue no. 1]-issue no. 32. — Los Angeles : PRIDE, 1967-1970. — 4 vol. : ill. ; 44 cm.

Monthly. — Issues for Feb. 1968-Apr. 29-May 12, 1970, published by Advocate Publications. — Continued by: Advocate (Los Angeles, Calif.) = ISSN 0001-8996.

29a'. The advocate. — Issue no. 33 (May 13-26, 1970)- . — Los Angeles (Calif.) : Advocate Publications, 1970- . — nos. : ill. (some col.) ; 28-45 cm.

Title form cover. — Biweekly (varies slightly). — No. 156- published by: Liberation Publications. — Indexed in: Alternative press index. — Indexes: 1967-1982. 1 vol. — Also available on microfilm. — Also available online; mode of access: World Wide Web. URL: http://www.advocate.com

ISSN 0001-8996 = Advocate (Los Angeles, Calif.)

30. Memoirs of Gothic churches : read before the Oxford Society for Promoting the Study of Gothic Architecture. — [No. 1-no. 3]. — Oxford : The Society, 1840-1845. — 3 vol. ; 23 cm.

31. 2000 : irodalmi és társadalmi havi lap. — Elsö szám 1989-ben. — Budapest : Heti Világgazdaság R.T., — v. : ill. ; 29 cm.

ISSN 0864-800X = 2000 (Budapest)

32a. Music Library Association technical reports. — No. 1- . — Ann Arbor (Mich.) : The Association, 1973- . — vol. : ill. ; 22 cm.

No. 4-20 have title: MLA technical reports; no. 21- have title: MLA technical report. — No. 6-14 published: Philadelphia (Pa.), 1979-1983; no. 15- published: Canton (Mass.), 1984- . — Some no. issued also in rev. eds.

32b. 여성과 사회 / 한국여성연구소 편. — 창간호 (1990년)- . — 서울 : 창작과비평사, 1990- . — 책 ; 23 cm.

연간; 반년간, 제12호 (2001년)-제14호 (2002년)

ISSN 1227-0946

33a. The new Church's teaching series. — Vol. 1- . — Cambridge (Mass.) : Cowley Publication, 1997- . — vol. ; 22 cm.

Title appears on spine as: CTS. — Contents: vol. 1. The Anglican vision / James E. Griffiss ; vol. 2. Opening the Bible / Roger Ferbo ; vol. 3. Engaging the word / Michael Johnston ; vol. 5. Living with history / Fredrica Harris Thompsett ; vol. 6. Early Christian traditions / Rebecca Lyman ...

33b. 대한민국출판물총목록 = Korean national bibliography / 국립중앙도서관 편. — 서울 : 국립중앙도서관, 1964- . — 책 : 삽화 ; 26 cm.

연간. — 기타표제: 출판물총목록. — 내용: v. 1. 일반도서 ; v. 2. 정부간행·아동도서·교과서·학습참고서·한장본·점자도서·비도서자료·연속간행물 ; v. 3. 색인·통계.

ISSN 0496-6945

34. The northwestern reporter. — Vol. 1 – vol. 300 ; 2nd ser., vol. 1 N.W. 2d – vol. 413 N.W. 2d. — St. Paul (Minn.) : West Pub. Co., 1879 – 1988. — 713 vol. ; 26 cm.

Some vol. have title: The north western reporter. — Subtitle: Containing all the decisions of the Supreme Courts of Minnesota, Wisconsin, Iowa, Michigan, Nebraska, and Dakota. Subtitle varies. — Citations to all cases compiled in: Shepard's northwestern reporter citations. — Continued by: West's north western reporter.

35. La nouvelle revue socialiste. — N° 1 (avril 1974) – . — Paris (12, cité Malesherbes, 75009) : Société des cahiers socialistes, 1974 – (Paris : Imprimerie Abexpress). — no ; 24 cm.

10 nos. par an. — Fait sutie à: Revue socialiste (Paros. 1885) = ISSN 0035 – 4139.

36. Oxf. Hist. Soc. — [Vol.] 1 – vol. 101 ; new ser., vol. 1 – . — Oxford : Printed for the Oxford Historical Society at the Clarendon Press, 1885 – . — vol. : ill., maps ; 23 cm.

Title taken from spine. — Beginning with vol. 26, title appears on series t.p. as: Oxford Historical Society.

37. Oxford and Cambridge. — 1st ed. – . — London : Ernest Benn Ltd. ; [Chicago : distributed in the U.S.A. by Rand McNally & Co.], 1958 – . — vol. : ill., maps (some col.) ; 16 cm. — (The blue guides).

First ed. edited by L. Russell Muirhead; 2nd – 3rd ed. by Mercia Mason; 4th ed. – by Gorffrey Tyack. — Second ed. published: London : Ernest

Benn Ltd. ; New York : W.W. Norton & Co.; 3rd ed.- published: London : A & C Black ; New York : W.W. Norton. — Second ed.- : 20 cm.

38a. Oxford University gazette. — Vol. 1, no. 1 (Jan. 18, 1870)- . — Oxford : The University, 1870- . — vol. : ill. ; 30-35 cm.

Weekly (during the university year). — Supplements accompany some issues.

38a'. Oxford University gazette [Electronic resource]. — Electronic data. — Vol. 124, no. 4299 (23 Sept. 1933)- . — [Oxford : The University], 1993-

Weekly (during the university year). — Supplements accompany some issues. — Mode of access: World Wide Web. URL: http://www.info.ox.ac.uk/gazette. — Vol. 125, no. 4350-vol. 125, no. 4372 not available in electronic form.

38a". Oxford University gazette. Appointments supplement [Electronic resource] / University of Oxford. — Electronic data. — -6 Dec. 2000.

Biweekly. — Continued by a section in: Oxford University gazette. — Mode of access: World Wide Web. URL: http://www.admin.ox.ac.uk/as. — Description based on: 27 Sept. 2000.

38b. 國會圖書館報 / 국회도서관 편. — 제1권 제1호 (1964년 4월)- . — 서울 : 국회도서관, 1964- . — 책 : 삽화 ; 26 cm.

격월간, 제7권 제1호 (1970년 1월)- ; 월간, -제6권 제10호 (1969년 12월). — 대등표제: National Assembly review.

ISSN 0027-8572

38b'. 國會圖書館報 [전자자료] / 국회도서관 편. — 제40권 제3호 (2003년 5월)- . — 서울 : 국회도서관, 2003- .

격월간. — 접속모드: World Wide Web. URL: http://www.nanet.go.kr/ IDS-cgi/new05.cgi?flag=03. — 제1권 제1호 (1964년 4월)-제40권 제2호 (2003년 4월호)까지는 전자형식으로 이용불가능.

39a. Planète. — Paris : Editions Retz. — no ; ill. ; 21 cm.

Bimestriel. — Titre de la couverture. — Suivi de: Le nouveau Planète = ISSN 1250-5382. — A commencé en 191; a cessé en 1968. — Description basée sur: 9 (mars-avril 1963).

ISSN 1250-5374 = Planète (1961)

39b. Junie Figaro. — 제1권 1호 (1999년 10월)-제4권 10호 (2002년 10월). — 서울 : 웅진출판, 1999-2002. — 책 : 삽화 ; 30 cm.

월간. — 휘가로 걸, 통권1호 (2002년 11월)- , ISSN 1599-6719로 개제. — 발행자변경: 웅진닷컴, 제2권 5호 (2000년 5월)- .

ISSN 1228-7563

40. Proceedings of the ... annual Symposium on Reduction of Costs in Hand-Operated Glass Plants / presented by West Virginia University ; sponsors, Consolidated Gas Supply Corporation, West Virginia University College of Engineering, West Virginia Section of the American Ceramic Society. — Morgantown : West Virginia University. — vols. : ill. ; 28 cm. — (West Virginia University bulletin, ISSN 0362-3009) (Engineering Experiment Station bulletin, ISSN 0083-8640).

Annual. — Cover title: Proceedings of the ... Annual Glass Symposium. — Began with: 1st (1970). — Description based on: 6th (1975).

ISSN 0362-2991 = Proceedings of the annual Symposium on Reduction of Costs in Hand-Operated Glass Plants

41a. PTT-Zeitschrift / herausgegeben von der Schweizerischen Post-, Telegraphen- und Telephonverwaltung = Revue des PTT / publiée par l'Administration des postes, télégraphes et téléphones suisses = Rivista PTT / pubblicata dall'Amministrazione delle poste, dei telegrafi e dei telefoni svizzeri. — Jg. 1, Nr 1 (Jan. 1950)-Jg. 17, Nr 12 (Dez. 1966). — Bern : Generaldirektion PTT, 1950-1966. — 17 Jg. : ill. ; 30 cm.

Erscheint monatlich. — Fortgesetzt als: PTT : PTT-Zeitschrift.

41a'. PTT : PTT-Zeitschrift / herausgegeben von den Schweizerischen PTT-Betrieben = Revue des PTT / publiée par l'Entreprise des PTT suisses = Rivista PTT / pubblicata dall'Azienda svizzera delle PTT. — Jg. 18, Nr 1 (Jan. 1967)- . — Bern : Generaldirektion PTT, 1967- . — Jg. : ill. ; 30 cm.

Erscheint monatlich. — Fortgesetzt von: PTT-Zeitschrift.

42. Publications de la Sorbonne. Série Byzantina / Centre de recherches d'histoire et de civilisation byzantines. — 1- . — Paris : Université de Paris 1-Panthéon-Sorbonne, 1975- . — no ; 24 cm.

43a. Quarterly journal of current acquisitions / Library of Congress. — [Vol. 1, no. 1] (July/Sept 1943)-vol. 20, no. 4 (Sept 1963). — [Washington, D.C.] : Library of Congress, [1943-1963]. — 20 vol. : ill. ; 26 cm.

Quarterly. — Title proper taken from cover. — Continued by: The quarterly journal of the Library of Congress = ISSN 0041-7939. — Supplement to: Annual report of the Librarian of Congress = ISSN 0083-1565. — 23-26 cm.

ISSN 0090-0095 = Quarterly journal of current acquisitions

43a'. The quarterly journal of the Library of Congress. — Vol. 21, no. 1 (Jan. 1964)- . — [Washington, D.C. : For sale by the Superintendent of Documents, U.S. Government Printing Office]. — vol. : ill. ; 26 cm.

Quarterly. — Title proper taken from cover. — Continues: Quarterly journal of current acquisitions = ISSN 0090-0095.

ISSN 0041-7939 = The quarterly journal of the Library of Congress : $1.65 (single copy): $6.45 p.a.

44. Sesame Street annual. — 1972- . — New York (N.Y.) : Children's Television Workshop, 1972- . — vol. : col. ill. ; 26 cm.

Title from cover. — At head of title: CTW. — Issued with: Sesame Street magazine. — Last issue consulted: 1972.

45. Skolepsykologi. Monografi / Skolepsykologernes Landsforening. — Helsingør (Kingosvej 64A, 3000) : Skolepsykologernes Landsforening. — vol. ; 21 cm.

Tvangfri hæfter. — Begyndte med nr. 1 i 1969. — Beskrivelsen baseret på: Nr. 10 (1973).

ISSN 0586-6162 = Skolepsykologi. Monografi : varierende priser : gratis for abonnenter på 'Skolepsykologi'

46a. The Soviet journal of glass physics and chemistry. — Vol. 1, no. 1 (Jan./Feb. 1975)- . — New York : Consultants Bureau, 1975- . — vols. : ill. ; 27 cm.

Bimonthly. — Translation of: Физика и химия стекпа. — Title proper taken from cover.

ISSN 0360-5043 = The Soviet journal of glass physics and chemistry: $50.00 (single issue) : $95.00 p.a.

46b. Vogue = 보그. — Vol. 1, no. 1 (1996년 8월)- . — 서울 : 두산잡지 BU, 1996- . — vols. : 색채 : 삽화 ; 29 cm.

연 10회 간행. — Vogue (Paris)의 번역. — 별책부록: 2005 S/S 파리 뉴욕 런던 밀라노.

ISSN 0750-3628

47. Taxes for dummies. — 1995 ed.- . — Foster City, CA : IDG Books Worldwide, 1995- . — vol. : ill. ; 24-28 cm. — (- for dummies).

Annual. — On some vols. the 's's in the title are represented by a dollar sign.

ISSN 1535-1130 = Taxes for dummies

48. Tuyển tập nghệ sĩ. — [1]- . — Montréal (Québec) : Trụng Kỳ, 1995- . — vol. : ill., ports. ; 21 cm.

Annual. — Issue [1]- compiled by Trụng Kỳ.

49. Vietnam bulletin.. — Vol. 1, no. 1-2 (Jan.-Feb. 1967)-vol. 9, no. 18 (Apr. 15, 1975). — Washington (D.C.) : Embassy of Vietnam, 1967-1975. — 9 vol. : ill. ; 28 cm.

Title from cover. — Bimonthly, Jan.-Apr. 1967; weekly, -May 24, 1971; semimonthly, June 1, 1971-Apr. 15, 1975. — Some issues have title: Viet-Nam bulletin. — Vol. for -Feb 1, 1975, issued by: Viet-Nam Information Office; for Mar. 15, 1975-Apr. 15, 1975, by: Information Office of the Viet-Nam Embassy.

50. Water-resources bulletin / Utah Geological and Mineral Survey. — Salt Lake City : Utah Geological and Mineral Survey. — vol. : ill. ; 28 cm.

Irregular. — Description based on: No. 18 (Dec. 1973).

ISSN 0094-7636 = Water resources bulletin (Salt Lake City) : $3.00 per issue

51a. Willmar tribune. — vol. 1, no. 1 (Feb. 19, 1895)-vol. 37, no. 39 (Sept. 30, 1931). — Willmar (Minn.) : [s.n.], 1895-1931. — 37 vol. : ill. ; 56 cm.

Title from masthead. — Weekly, Feb. 19, 1895-Nov. 26, 1902; semiweekly, Dec. 3, 1902-Nov. 28, 1903; weekly, Dec. 2, 1903-Sept. 30, 1931. — Issues for Dec. 3, 1902-Nov. 28, 1903, have running title: Willmar weekly tribune. — Also available on microfilm. — Continued by: Willmar weekly tribune.

51a. Willmar weekly tribune. — Vol. 37, no. 40 (Oct. 7, 1931)-vol. 56, no. 48 (Dec. 1, 1950). — Willmar (Minn.) : Tribune Print. Co., 1931-1950. — 20 v. : ill. ; 56 cm.

Title from masthead. — Also available on microfilm. — Continues: Willmar tribune.

51b. 호남신문. — 제1호 (1998년 11월 11일) - 제2505호 (2004년 3월 31일). — 책 ; 55 cm.

일간. — 본표제는 발행인란의 표제임. — 광남일보로 개제.

51b'. 광남일보. — 제1권 제1호 (2004년 4월 1일). — 광주 : 광남일보, 2004 - . — 책 ; 55 cm.

일간. — 본표제는 발행인란의 표제임. — 호남일보를 개제.

52a. Willmar daily tribune. — Vol. 1, no. 1 (Jan. 3, 1928) - vol. 23, no. 230 (Sept. 30, 1950). — Willmar (Minn.) : Tribune Print. Co., 1928 - 1950. — 23 vol. : ill. ; 56 cm.

Title from masthead. — Daily (except Sunday and holidays). — Also available on microfilm. — Continued by: West Central Minnesota daily tribune.

52a'. West Central Minnesota daily tribune. — Vol. 23, no. 231 (Oct. 2, 1950) - vol. 32, no. 1 (Jan. 2, 1959). — Willmar (Minn.) : Tribune Print. Co., 1950 - 1959. — 10 vol. : ill. ; 56 cm.

Title from masthead. — Daily (except Sundays and holidays). — Also available on microfilm. — Continues: Willmar daily tribune. — Continued by: West Central daily tribune.

52a''. West Central daily tribune. — Vol. 32, no. 2 (Jan. 3, 1959)-vol. 53, no. 170 (July 19, 1980). — Willmar (Minn.) : Tribune Print Co., 1959-1980. — 22 vol. : ill. ; 56 cm.

Title from masthead. — Daily (except Sundays and holidays). — Also available on microfilm. — Continues: West Central Minnesota daily tribune. — Continued by: West Central tribune.

52a'''. West Central tribune. — Vol. 53, no. 171- . — Willmar (Minn.) : Tribune Print. Co., 1980- . — vol. : ill. ; 56 cm.

Title from masthead. — Daily (except Sundays and holidays). — Also available on microfilm. — Continues: West Central daily tribune.

사건의 뉴스레터(Newsletter of an event)

53. Бюлетин / XV Щахатна Олимада. — Бр. 1 (17 септ. 1962 г.)-б р. 21 (10 окт. 1962 г.). — Элатни пясътсир Варна : [s.n.], 1962. — 21 no. ; 26 cm.

Title on cover: Bulletin / XV Olympiade d'echecs, Varna, 15. IX.-10.X. 1962.

54. Daily bulletin / the Third Assembly, Lutheran World Federation, Minneapolis. — No. 1 (Aug. 16, 1957)-no. 8 (Aug. 24, 1957). — [Minneapolis (Minn.) : Committee on Arrangements, Third Assembly, Lutheran World Federation], 1957. — 8 no. : ill. ; 28 cm.

Title taken from caption.

55. The Lambeth daily [Electronic resource]. — Electronic data. — Issue no. 3 (21 July 1998) - issue no. 15 (6 Aug. 1998).

Title from Web site (viewed 2001 Jan. 27). — Mode of access: World Wide Web. URL: http://justus.Anglican.org/resources/Lambeth1998 /Lambeth .html#Lambeth%20daily. — Issue no. 1 - issue no. 2 not published in electronic form. — Issues for 5 Aug. and 6 Aug. both called: Issue no. 13.

종결통합자료(Finite integrating resource)

56. MARC 21 format for bibliographic data : including guidelines for content designation / prepared by Network Development and MARC Standards Office, Library of Congress, in cooperation with Standards and Support, National Library of Canada. — 1999 ed. — Washington [D.C.] : Library of Congress, Cataloging Distribution Service, 1999- . — 2 vols. (loose -leaf) ; 28 cm.

Updated annually. — Rev. ed. of: USMARC format for bibliographic data. 1994 ed. 1994; and, Canadian MARC communication format for bibliographic data. 1994.

ISBN 0-8444-0989-8 (v. 1). — ISBN 0-660-17771-4 (v. 2)

지도자료(Cartographic material)

57. Canada plotting chart [Cartographic material] : AIR 1615 / produced by Surveys and Mapping Branch, Department of Energy, Mines and Resources. — Scale 1:3 000 000 at 45°N ; polar stereographic proj. (W 140°-W 46°/N 78°-N 41°). — 1st ed. (1976)- . — Ottawa : Surveys

and Mapping Branch, 1976- . — maps : col. ; 101 × 149 cm.

Annual. — Continues: Winnipeg navigation plotting chart. — Absorbed in 1979: Canada plotting chart : AIR 1614.

58. Official highway map [Cartographic material] : [Louisiana] / prepared by the Louisiana Department of Transportation and Development. — Scale ca. 1:650,000 (W 94°3′-W 89°49′/N 33°1′-N 28°55′). — 1981- . — Baton Rouge : The Department., 1981- . — maps : col ; on sheets 75×82 cm or smaller.

On verso: Louisiana interstate highway system, 8 city maps, text, and ill.

59. Ordnance Survey motoring atlas of Great Britain [Cartographic material]. — Scale 1:90,080. 3miles to 1 in. — 1983- . — Southampton : Ordnance Survey, 1983- . — atlases : col. maps ; 40 cm.

Annual. — Title from cover.

60. Super scale inner London A-Z [Cartographic material]. — Scale 1:7,040. — Sevenoaks, Kent : Geographer's' A-Z Map Company. — atlases : col. maps ; 21 cm.

Title on contents page: A-Z inner London atlas. — Spine title: A-Z inner London in super scale. — Description based on: Ed. 6, issued in 1998; title from cover.

필사본(Manuscript)

61a. The Historical Society bugle. — Vol. 1, no. 1 (Oct. 17, 1922)-vol. 2, no. 7 (May 7, 1925). — 2 vol. ; 28 cm.

Frequency varies. — Typescript (in part carbon copies). — Prepared by staff members of the Minnesota Historical Society. — Continued by: The bugle.

61b. The bugle. — Vol. 2, no. 8 (June 1925) ; new ser., vol. 3, no. 1 (Apr. 1932) ; [new ser., no. 1(Jan.? 1944)]-new ser., no. 2 (Feb. 25, 1944). — 3 vol. ; 28 cm.

Typescript (in part carbon copies). — Prepared by staff members of the Minnesota Historical Society. — Continues: The Historical Society bugle.

악보(Music)

62. The Penguin scores. — Miniature score-1- . — Harmondsworth (Middlesex) : Penguin Books, 1949- . — miniature scores ; 13 × 20 cm.

Contents: 1. Symphony no. 40 in G minor / Mozart ; 2. Brandenburg concerto no. 3, in G / J.S. Bach ; 4. Symphony no. 101 in D / Joseph Haydn ; 5. Overtures, A midsummer night's dream & Fingal cave / Mendelssohn ; 6. Symphony no. 8 in B minor ("Unfinished") / Schubert

녹음자료(Sound recordings)

63. The American Arts Project [Sound recording]. — Vol. 1, no. 1- . — New York (NY) : American Arts Project, 1983- . — sound tape cassettes : mono.

    "The monthly magasette" - Container.

    ISSN 0748-2604

64. The audio lawyer [Sound recording]. — Vol. 1, no. 1- . — Philadelphia : American Law Institute-American Bar Association Committee on Continuing Professional Education, 1983- . — sound tape cassettes : mono.

    Monthly.

65. ... crime [Sound recording]. — [England] : WH Smith. — sound cassettes : mono.

    Quarterly. — Title proper includes name of season. — Description based on: Autumn [1989].

비디오녹화자료(Videorecordings)

66a. American art today [Videorecording] : a view from the Whitney ... Biennial Exhibition, Whitney Museum of American Art. — 1985- . — [New York] : Whitney Museum of American Art ; [Chicago (Ill.)] : Home Vision [distributor], cop. 1985- . — videocassettes ; sd., col. ; 1/2in.

Biennial. — VHS format. — Summary: Presents an overview of the most important current work in American art. Includes commentary by artists, critics and curators.

66b. 세계도자비엔날레 개막특집생방송 [비디오녹화자료] : 합(合) : 위대한 만남 / KBS미디어 [편]. — 2005－ . — [서울] : [이천세계도자센터] ; 케이비에스미디어, 2005－ . — DVD－Video ; 천연색, 디지털, 스테레오; 12 cm.

격년간. — 본표제는 표제화면의 표제. — 2005년 4월 23일 KBS에서 방영.

67a. Pee－Wee's playhouse [Videorecording] / produced by Paul Reubens and Richard Abramson ; directed by Stephen R. Johnson ; produced in association with Boradcast Arts Productions ; a Pee－Wee Pictures production. — Vol. 1－ . — Santa Monica (CA) : Hi－Tops Video, cop. 1988－ . — videocassettes : sd., col. ; 1－2 in.

Originally broadcast on the television program Pee－Wee's playhouse. — Contents: vol. 1. Ice cream soup (28 min.) ; vol. 2. Luau for two (28 min.) ; vol. 3. Rainy day ; Now you see me, now you don't ; Cowboy fun (80 min.) ; vol. 4. Beauty makeover (28 min.)...

67b. 프랜즈 [비디오녹화자료] / Kevin S. Bright [외] ; 워너브러더스코리아. — Vol. 1－ . — 서울 : KBS, 1995－ . — DVD : 천연색 ; 12 cm.

TV 드라마로 방영. — 내용: vol. 1. 프랜즈 시즌1 (587분) ; vol. 2. 프랜즈 시즌2 (587분) ; vol. 3. 프랜즈 시즌3 (546분) ; vol. 4. 프랜즈 시즌4 (559분) ; vol. 5. 프랜즈 시즌5 (563분) ; vol. 6. 프랜즈 시즌6 (569분) ; vol. 7. 프랜즈 시즌7 (576분) ; vol. 8. 프랜즈 시즌8 (576분) ; vol. 9. 프랜즈 시즌9 (618분) ; vol. 10. 프랜즈 시즌10 (460분)...

전자자료(Electronic resources)

예제 7, 19, 38a', 38a'', 76도 보라.

68. Bulletin [Ressource électronique] / Bibliothèque nationale du Canada. — Données électroniques. — Vol. 32, no. 6 (Juin 2000) - . — Ottawa : Bibliothèque nationale du Canada, 2000 - .

Bimestriel. — Titre de l'écran-titre (visionné le 30 août 2000). — Fait suite à: Nouvelles de la Bibliothèque nationale = ISSN 1200-4480

69a. Cataloger's desktop [Electronic resource] / Library of Congress. — Electronic data. — 1994, issue 1 - . — [Washington (D.C.)] : Cataloging Distribution Service, 1994 - . — computer optical discs ; 4 3/4 in.

Title from disc label. — Quarterly. — System requirements: IBM PC/AT compatible with Intel compatible 80386 or greater processor ; 4MB of RAM (Windows users), 8 MB of RAM (OS2 users) ; MS DOS version 5.0 or higher (Windows users) ; Microsoft Windows 3.1 or OS/2 version 2.1 ; CD-ROM drive with Microsoft Extensions ; monitor capable of displaying graphics and compatible video card (EGA/VGA recommended). — System requirements for network installation: on the server: 80386 Intel compatible processor; 8MB RAM, 2 MB free disk space; MS DOS 5.0 or higher; Network Software ; CD-ROM drive with Microsoft Extensions ; on the workstation: 80386 or greater Intel compatible processor ; 4MB RMA, 500 KB free disk space. — Accompanied by: Quick reference card, Software user's guide, and Introduction to the infobases.

ISSN 1073-4929 = Cataloger's desktop

69b. 사법개혁추진위원회 회의록. 보고서 [전자자료]: 1999.5.7~1999.12.31 / 사법개혁추진위원회 [편]. — 2000- . — 서울 : 사법개혁추진위원회, 2000- . — 컴퓨터 디스크 : 유성, 천연색 ; 12 cm.

연간. — 본표제는 디스크표제면의 표제임. — 시스템조건: 한글 윈도우 95/98을 탑재한 컴퓨터 ; 한글 Internet Explorer 4.0 이상 ; CD-ROM 드라이브(설치시 필요) ; 30 메가바이트 이상의 하드디스크 여유공간.

69b'. 수산물계통판매고통계연보 [전자자료] = Annual statistics on cooperative sales of fishery products / 수산업협동조합중앙회 [편]. — 서울 : 수산업협동조합중앙회, 2003- . — 컴퓨터 광디스크 : 천연색 ; 4 3/4 in.

연간. — 시스템조건: 윈도우 95/98/ME/2000/XP ; 펜티엄 333Mhz 이상 ; 메모리 32M 이상. — 같은 제목의 책자형 자료에 엑셀파일을 추가한 것임.

70a. IFLANET unplugged [Electronic resource]. — [1996]-2000. — The Hague, Netherlands : IFLA, 1966-2000. — 5 computer optical discs : col. ; 12 cm.

Annual. — System requirements: PC-compatible 386SX or higher, Windows 3.1 operating system CD-ROM drive and 4 MB of RAM. — Issues for 1998-2000 include IFLA membership directory. — Continued by: IFLA CD ...

70a'. IFLA CD ... [Electronic resource]. — 2001- . — The Hague, Netherlands : IFLA, 2001- . — computer optical discs : col. ; 12 cm.

Annual. — System requirements: PC-compatible 386SX or higher, Windows operating system, hard drive with at least 10 MB of space available, CD-ROM drive, and 4 MB of RAM, or Macintosh system 7.0 or higher with CD-ROM drive and 4 MB of RAM. HTML documents can also be read on older DOS machines using a DOS-based Eeb browser. — "Membership directory and conference papers included" — Cover of accompanying booklet. — Continues: IFLANET unplugged.

71a. MacInTax [Electronic resource]. — Electronic program. — Camarillo (CA) : Softview. — electronic disks : sd., col. ; 9 cm.

Title from label. — System requirements: Macintosh/Power Macintosh ; 68030 II cx processor of higher ; system 7.1 or higher ; 12" color monitor ; 8MB of RAM (16MB recommended) ; 2X CD-ROM drive (4X recommended) ; 30 MB of hard drive space ; electronic filing & online features require a 14,400 bps or faster modem or a direct Internet connection — Issue for 1990 has title: MIT. — Issues for 1991- published: San Diego : ChipSoft CA, Inc. — Some years issued also in rev. eds. — Some issues also published on CD-ROM. — Description based on: Federal 1987. Last issue consulted: Tax year 1996.

71a'. MacInTax [Electronic resource]. — Electronic program. — [San Diego, (Calif.)] : Intuit. — electronic optical discs : sd., col. ; 12 cm.

Title from label. — System requirements: Macintosh/Power Macintosh ; 68030 II cx processor or higher ; system 7.1 or higher ; 12" color monitor ; 8MB of RAM (16MB recommended) ; 2X CD-ROM drive (4X recommended) ; 30 MB of hard drive space ; electronic filing & online features require a 14,400 bps or faster modem or a direct Internet connection. — Some years published also in expanded form with title: MacInTax deluxe. — Description based on: Tax year 1995. Last issue consulted: Tax year 1997.

71a''. MacInTax deluxe [Electronic resource]. — Electronic program. — tax year 1999. — San Diego (CA) : Intuit. — electronic optical discs : sd., col. ; 12 cm.

System requirements: Macintosh/Power Macintosh ; 68030 II cx processor or higher ; system 7.1 or higher ; 12" color monitor ; 8MB of RAM (16MB recommended) ; 2X CD-ROM drive (4X recommended) ; 30 MB of hard drive space ; electronic filing & online features require a 14,400 bps or faster modem or a direct Internet connection. — At head of title: Tax year 1997-tax year 1999 : Quicken. — Continued by: TurboTax deluxe. — Description based on: Tax year 1995.

71a'''. TurboTax deluxe [Electronic resource]. — Electronic program. — Tax year 2000- . — San Diego (Calif.) : Intuit, 2001- . — electronic optical discs : sd., col. ; 12 cm.

System requirements: Macintosh 7.6 or higher ; CD-ROM drive ; printer. — At head of title: Quicken. — Continues: MacInTax deluxe.

71a''''. Minnesota state supplement [Electronic resource]. — Electronic program. — -1990. — Oxnard (CA) : Softview, -[1991]. — electronic discs : col. ; 9 cm.

71a'''''. MacInTax personal Minnesota [Electronic resource]. — Electronic program. — Tax year 1991- . — San Diego : ChipSoft CA, Inc., 1992- . — electronic discs : col. ; 9 cm.

Title from label. — System requirements: Macintosh/Power Macintosh ;

68030 Ⅱcx processor of higher ; system 7.1 or higher ; 12" color monitor ; 8MB of RAM (16MB recommended) ; 2X CD-ROM drive (4X recommended) ; 30 MB of hard drive space ; electronic filing & online features require a 14,400 bps or faster modem or a direct Internet connection. — Issues for Tax year 1994- published by: Intuit, Inc. — Continues: Minnesota state supplement. — Last issue consulted: Tax year 1998.

72a. Tracts for the times [Electronic resource] / Project Canterbury. — Electronic data. — Tract no. 1-tract no. 90.

Title from Web site (viewed 2001 Jan. 27). — Mode of access: World Wide Web. URL:http://justus.Anglican.org/resoures/pc/tracts. — Originally published: London : Printed for J.G.F. & J.Rivington ; Oxford : J.H. Parker, 1840-1842.

72b. 주간조선 [전자자료] : weekly.chosun.com = Weekly Chosun / 디지털조선 [편]. — 제1552호 (1999년 5월 13일)- . — 서울 : 디지털조선, 1999- .

주간. — 본표제는 제1916호 (2006년 8월 7일)의 홈페이지 표제임. — 접근모드: World Wide Web. URL: http://weekly.chosen.com/. — 같은 내용의 책자형태: 週刊朝鮮, ISSN 1228-2235.

통합자료(Integrating resources)

73a. Bankserviceffes.com [Electronic resource] : your guide to Canadian bank fees / Stewart Associates. — Electronic data. — Toronto : Stewart Associates, [1999]- .

Title from home page (viewed on Sept. 21, 2001). — Mode of access: World Wide Web. URL:http://www.bankservicefees.com/index.html. — Continuously updated.

73b. 19세기 서양근대미술 [전자자료] / 문용철 만듦. — 전자 데이터. — [서울] : [발행처불명], 2000- .

본표제는 홈페이지 표제임 (2006년 8월 10일 검색). — 접근모드: World Wide Web. URL: http://imoon21/com/index.html. — 시스템조건: 익스플로우4.0 또는 넷스케이프4.0 이상 ; 해상도 1024×768 또는 800×600 이상. — 수시로 갱신됨.

74a Interactive tariff and trade dataweb [Electronic resource] / United States International Trade Commission. — Electronic data. — [Washington, D.C. : USITC, 201]- .

Title from title screen (viewed on Nov. 15, 2001). — Mode of access: World Wide Web. URL:http://dataweb.usitc.gov/. — Continuously updated. — HTML title: USITC trade database. — Data on this site have been compiled from tariff and trad data from the U.S. Department of Commerce, the U.S. Treasury, and the U.S. International Trade Commission.

74b. 대한민국 체신연혁 / 체신부 [편]. — 서울 : 체신부, 1971-. — 1책 (가제식) : 삽화 ; 26 cm.

1971년에 본책을 발간한 후 매년 반복부분을 발간함.

74c. 大法院判決要旨集 : 特別編 / 法院行政處 [編]. — 서울 : 법원행정처, 1986- . — 3권 12책 (가제식) ; 26 cm.

권두에 "追錄加除狀況表" 부착. — 내용: 1-1(1), 1-1(2). 憲法, 司法, 行政 ; 1-2(1), 1-2(2). 財政, 文敎, 社會 ; 2-1(1), 2-1(2). 産業 ; 2-2(1), 2-2(2). 建設, 交通, 國際, 軍政, 過政法令 ; 3-1(1), 3-1(2). 總則, 直接稅等 ; 3-2. 間接稅, 地方稅等 ; 3-3. 行政爭訟.

마이크로자료(Microforms)

예제 29a – 29a', 51a – 51a', 52a – 52a'''도 보라.

75. The Somali news [Microform]. — Mar. 31, 1961 – Sept. 26, 1969 ; year 1, no. 1 (1 Oct. 1969) – . — East Lansing (Mich.) : Information Services Photo Laboratory, Michigan State University ; Chicago (Ill.) : Center for Research Libraries [distributor, 1997?]. — 2 microfilm reels : ill. ; 35 mm.

Ceased with issue for 22 Oct. 1969. — Originally published: Mogadishu (Somalia Republic) : Ministry of Information, 1961 – 1969.

76. Tracts for the times [Microform] / by members of the University of Oxford. — Tract no. 1 – tract no. 90. — Chicago (Ill.) : Library Resources, Inc., 1970. — 8 microfiches : positive ; 8 x 13 cm. — (Library of English literature ; LEL 21176 – 21180)

Title from header. — Available also online. Mode of access: World Wide Web. URL:http://justus.Anglican.org/resources/pc/tracts. — Originally published: London : Printed for J.G.F. & J.Rivinton ; Oxford : J.H. Parker, 1840 – 1842.

부록 D : 영한용어대조표

Abbreviation	약어 0.7
Abbreviated form	축약형 1.5.5.12.1, 1.5.5.12.2, 4.2.6
Abridgement	간략화 0.7, 1.1.5.1, 1.3.3.1, 1.4
Absorptions notes	흡수주기 7.2.4.7
Accompanying materials statements	딸림자료표시 5.4
Acronyms	약어 1.4.3, 1.5.5.12.1
Additional edition statement	부차적 판표시 2.4
Alternative title	별표제 0.2
Analytical title page	분출 표제면 0.5.2.1
Availability terms	입수조건 8.3
Avant-titre	표제선행사항, 관제 0.2
Bi-directional records	양방향 레코드 부록 B
Bibliographic description	서지기술 0.2
Bibliographic history notes	서지내력 주기 7.2
Bibliographic resource	서지자료 0.2
Capitalization	대문자용법 0.8
Caption title	권두표제 0.2
Cartographic material	지도자료 3.3
Chief source	주정보원 0.5.2
Collective title	종합표제 0.2
Common title	공통표제 0.3.3.1, 1.1.3.6, 1.4.7
Contents notes	내용주기 7.7
Continuations notes	승계주기 7.2.4.4
Continuing resource	계속자료 0.2
Copyright dates	판권일 4.4.6, 4.4.7
Corporate body	단체 0.2
Cover title	표지표제 0.2, 7.1.1.1

색 인

◘ 역자소개 ◘

김 정 현 (金 正 賢)

경북대학교 도서관학과 (문학사)
경북대학교 대학원 도서관·정보학과 (도서관학석사)
중앙대학교 대학원 문헌정보학과 (문학박사)
한국도서관협회 목록위원회 전문위원 (현)
한국도서관 · 정보학회 연구이사 및 편집위원 (현)
전남대학교 문헌정보학과 부교수 (현)

<주요저서>
뉴미디어와 도서관 (공저, 계명대학교출판부, 1992)
도서관정보관리편람 (공편, 한국도서관협회, 1994)
자동화목록법 (공저, 대구대학교출판부, 1998)
자료조직연습론 (저서, 태일사, 1999)
도서관자료목록법 (공저, 인쇄마당, 2000)
문헌분류의 실제 (저서, 태일사, 2001)
목록조직의 실제 (저서, 태일사, 2001, 2006)
전자자료조직론 (저서, 태일사, 2002)
자료목록법 (공저, 대구대학교출판부, 2003, 2005)
자료조직론 (공저, 인쇄마당, 2005)
기타 학술논문 다수

문 지 현 (文 至 賢)

전남대학교 문헌정보학과 (문학사)
전남대학교 대학원 문헌정보학과 (문헌정보학석사)
전남대학교 대학원 문헌정보학과 (박사과정수료)
전남대학교 문헌정보학과 강사 (현)

<주요논문>
한국십진분류법 농학분야의 분류체계에 관한 연구 (2000)
한국십진분류법 농학류의 분류기호 수정전개에 관한 연구 (2001)
농학분야 인터넷자원의 분류체계에 관한 연구 (2002)
Michael Gorman의 도서관 활동과 사상에 관한 연구 (2005)

김 효 숙 (金 孝 淑)

목포대학교 의류학과 (이학사)
전남대학교 대학원 문헌정보학과 (문헌정보학석사)
전남대학교 도서관 사서 (현)

<주요논문>
한국십진분류법 가정학류의 분류표 개선에 관한 연구 (2004)

국제표준서지기술법: 계속자료용

2006년 11월 15일 인쇄
2006년 11월 25일 발행

역 자
김정현 · 문지현 · 김효숙

펴낸이
김 선 태

발행처
도서출판 태일사

주 소
700-803 대구광역시 중구 남산1동 893
전 화 (053) 255-3602
팩 스 (053) 255-4374
등 록 1991년 10월 10일 제6-37호

값 **16,000** 원

 ISBN 89-89023-86-6 93020